台灣鬼仔古

2025

從民俗看見台灣人的冥界想像

林美容 著

目次

Part 2
鬼的模樣：幫靈界朋友做分類

《台灣鬼仔古》新版序言

林美容

「鬼仔古」就是鬼故事。《台灣鬼仔古》是我出版的著作中，銷量最好的一本，當然主要的原因是它是通俗作品，一般人都能閱讀欣賞，而鬼故事這個題材也是大眾很感興趣的。

為什麼作為一個人類學者，我會對鬼故事產生興趣，在田野中蒐集相關的故事，並進而出版成書呢？老實說，此事純屬偶然。大約二〇〇八年起，我展開魔神仔傳說故事的研究工作。台灣各地到處有魔神仔的傳說故事，而這卻是我做了魔神仔的研究之後，才知道的事，意思是，我如果不做魔神仔的研究，不會知道台灣有那麼多關於魔神仔的傳說故事。當然台灣有很多鬼故事，這是早就知道的事，也因為做了魔神仔研究，我才有機會聽到很多的鬼仔古，並且把它記錄下來。

魔神仔的本質是山精水怪，在台灣人們描述的典型是矮矮小小，長得像小孩子，或是有著老婆臉，會幻化，捉弄人，讓人戇神戇神（gōng-sîn），迷失或脫隊，找到的時候，滿嘴塞著亂七八糟的牛糞、蚯蚓、草蜢仔腳、青蛙腿或是稻草等，這樣的一種存在叫做魔神仔，然而這絕非鬼的形象。魔神仔基本上就是似人非人，似鬼非鬼的超自然存在。

研究魔神仔的時候，我就把魔神仔當作提詞去進行訪談，所聽到的傳說故事，性質如前述魔神仔屬性的居多，但同時也聽到一些鬼故事。因此瞭解到台灣人在使用魔神仔一詞的時候，是有兩層意涵的，也就隨之把魔神仔做了廣義和狹義的區分，狹義的魔神仔就是精怪之屬，廣義的魔神仔除了精怪，也會包含鬼類。把魔神仔和鬼區分開來，所以我在撰寫魔神仔的專書時，就沒有把鬼故事的材料放進書裡。二〇一四年出版的《魔神仔的人類學想像》一書，便是針對魔神仔的傳說故事分析與解釋，所完成的學術專書。

而魔神仔研究階段所蒐集的鬼故事，便是二〇一七年出版的《台灣鬼仔古》一書的基礎資料。當時是由月熊出版社出版，遠足文化公司發行。時光荏苒，一晃過了八年，如今由前衛出版社重新出版，執掌新版《台灣鬼仔古》的楊佩穎編輯，還是原先的編輯，只是她目前是前衛的編輯。新版出書在即，藉

此機會跟讀者聊聊新版《台灣鬼仔古》的種種。

新版《台灣鬼仔古》大致依循舊版的體例，只是增添了舊版出書後我持續採集的鬼故事材料。主要是工作的慣性使然，每當聽到任何鬼仔古，我都會在事後把它記錄下來。民俗口說故事常常都是得之於偶然，並非故意為之，但作為人類學者隨處看、隨處問的職業習慣，養成我善於詢問，善於聆聽，也善於記錄的生活日常。譬如最近一次，是在住家附近的四分溪畔散步時，到了胡適庭園前的一個橋頭，看見一位年長的婦人，便主動攀談，老人家總是知道的事情多嘛，聊了幾句，我便受邀進入就在眼前的她家，她九十幾歲的先生也正好返家，他是台電老一輩做電線桿的工程人員，那婦人還泡了兩杯咖啡，讓我和她先生聊天。那一兩個小時的時間就採集到了好幾個他上山工作時，還有他在中華科大附近老家發生的鬼故事，甚至也有魔神仔的故事。

作為本書的作者，其實我不是這些鬼故事的講述者，舊版的鬼故事是我還有學生和助理們，把聽到的鬼故事記錄下來，我的資料檔裡，也把鬼故事做了一些還不上有系統的分類，鬼故事的研究應該也有研究價值，把故事進行簡單分類有其必要，本書在鬼故事分類上的呈現，便是大致依照我原先的分類。本書分成三部分，PART 1呈現鬼故事發生的地點，共分成八章，第一章：家中的家鬼，故事很多，第二章：校園的鬼，第三章：醫院的鬼，第四章：部隊的鬼，數量也不少，第五章：飯店的鬼，第六章：行車中的鬼，第七章：墓地的鬼，第八章：山林中的鬼。本書的PART 2所呈現的是鬼的類別屬性，分成六章，第九章：女鬼，第十章：水鬼，第十一章：外國鬼，第十二章：竹篙鬼，第十三章：搗蛋鬼，第十四章：新亡的魂，這類故事也很多。本書的PART 3所呈現的是人們遭遇鬼時的共同經驗，分成六章，第十五章：鬼壓床，第十六章：鬼附身，第十七章：鬼打牆，第十八章：抓交替，第十九章：喪煞，第二十章：鬼來討，鬼會來討拜、討超度等，全書共二十章。每章開頭的引言後，有一則極短篇鬼故事創作，檔案後面都會有相關的新聞事件、有問答的輔助說明，貼近讀者的閱讀視角。對於想要瞭解台灣民俗中，有關鬼魂的相關信仰與禁忌，民俗觀念與作法，多多少少都能得到一些解答。

鬼故事有很多研究的價值，除了它本身作為口說素材（oral data）在民俗學研究上的意義之外，我個人最感興趣的是它所呈現出來的文化心理或是社會心理，特別是記錄鬼故事，以及校稿的過程，沉浸在一個一個的鬼仔古當中，特別能感受到台灣人面對死亡的一種貼近的、同情的、充滿體貼的思維，但是我已經沒有餘力把它寫成像《魔神仔的人類學想像》那樣的學術書。

我們從台灣民間信仰的角度來看，台灣人對天地神鬼的祭祀，有其制度性的慣習存在，鬼是一定要拜的，但我們所拜主要是中元普度中的好兄弟，那是集體的鬼魂，至於陰廟中所祀的百姓公、大眾爺、大墓公、聖公、聖媽、姑娘或將軍，這些原本是鬼魂的存在被祀之後都已轉成陰神，不再是靈魂飄盪無依的鬼，而本書所記錄的鬼故事，絕大部分是個體戶的鬼，已經和民俗信仰中被廣為祭祀的好兄弟以及陰神，大異其趣。台灣民俗信仰中有很多對死亡的公然展示，不只傳統的出殯隊伍，廟會中一些神將像七爺八爺，頭像背後一大串黃色的高錢，也是死亡的連結。很多人在人生的經驗過程中，搞不好都有鬼故事可講，活著的人多半都見證了死亡，也都留存著許多死亡的記憶，鬼故事便是這些見證與記憶的出口。

不管是我在魔神仔研究階段，把同時出現、順便聽到的鬼故事記錄下來，或是後來再增補新採集的鬼故事，透過本書可以發現蒐集到的鬼故事總體內容差異不大，但至少數量可以有所擴增。本書原始鬼故事的紀錄，大約是一百五十幾個在台灣蒐集到的鬼故事，增補大約五十多則，本書一共記錄了兩百多則鬼故事。記錄這些鬼故事的目的無他，只是希望更多人能認識瞭解台灣無盡的口說文化傳承，鬼故事與魔神仔的傳說故事一樣，只是諸多的傳說、故事、諺語、童謠、俗語、歌仔等等的一部分而已。特別有關神明的傳說故事，在台灣各個地方都有，豐富精彩，相對於鬼故事不遑多讓。

前衛出版社楊佩穎小姐一直協助催生此一新版的《台灣鬼仔古》，也是在她的經手下，《媽祖婆靈聖》一書也在前衛出版，並頗得好評。學術研究者其實並不擅長通俗書的寫作，沒有好的文字、美術編輯協助，都難竟其功。早年我雖出版過一些書，內容也算通俗，例如：《人類學與台灣》、《台灣文化與歷史的重構》，不過是雜文集性質，內容全是我寫的文字，沒有編輯的操刀。《台灣鬼仔古》算是正宗的通俗書了。

最後說一點感喟的話，台灣早早就已經遠離了農業時代人們互相面對面，在傍晚或是夜晚休息時，閒話家常，閒聊瞎扯，講古講笑詼的歡樂年代。一個地方，一個社會，乃至一個國家，不可能沒有故事。而鬼故事很庶民，很詭異，很陰森，很神秘，有它天然的誘惑力。諸多鬼故事背後民俗相關的文化內容，又有一定的知識性，可以擴充讀者對於鬼的民俗知識，或許原本害怕的，就不那麼害怕了，原本較持科學角度的，說不定轉而寧可信其有呢！畢竟，無論怎樣的鬼，都是一種文化性的存在，民俗性的認知。

【前言】

相信，而不迷信

這世界上那麼多民族，可能沒有哪一個民族是沒有鬼的相關說詞、傳說故事，或是相關的信仰，對鬼毫不涉及的民族，猜想不會有吧！理由很簡單，人都會死，世上的人都會經歷親友的死亡，或是耳聞，或是目睹，而鬼幾乎就是死後世界的代名詞。每一個民族也差不多都有對死後世界的建構，the after-world 是人死後要去的世界，現在的世界看起來是活人的世界，所謂的陰陽兩隔，人們對於死後世界充滿著各種想像，很大的層面是文化建構的，宗教的建構也充斥其中，或者兩者也互相交疊，但仍留給人們很大的想像空間，所謂現在的世界其實也交疊著死後世界而存在著。基本的道理是，人雖然生存在人的世界（the human world），其實與自然的世界（the natural world）互相依存，人們也創造了許多現實世界看不到的物事，無論神鬼或祖先都是死後世界的存在，可以說超自然世界很大的部分其實是死後世界，人們的許多言談、作為、思想，都深受超自然世界的影響。

我們可以說，鬼是一種文化性的存在，不管你有沒有見過，你有沒有想過，它都已經先於你而存在了。所以不必去問，真的有鬼嗎？你見過嗎？自然界的很多東西存在著，但一般人沒見過，像質子、粒子、中子這樣的東西，科學家見過，知道那是怎樣的一種物質，但是大部分的人沒見過，卻不能否認它的存在。鬼也是一樣，許多人見過鬼，跟鬼說過話，經歷過鬼，但是大部分的人沒有這種經驗，但你要質疑是不是真的有鬼，也是不合情理，因為文化上它早就存在，表示我們的先人，我們的民族早就知道那是什麼，而有許多相關的信仰和習俗，或是禁忌之類。你要說它不存在，不真實，說不定它比質子、粒子、中子還要真實。

什麼是「鬼」？

遠在甲骨文的時代，就有「鬼」這個字，是一個人戴著大面具的形象，代表祭祀儀式中的巫師；而古代向來有尊神祭鬼的習俗，為了強調祭祀，有加上「示」旁的異體字「䰠」。

甲骨文

金文

篆文

印刷

鬼

古書中也有不少關於「鬼」的定義，例如：

「眾生必死，死必歸土，此之謂鬼。」（《禮記．祭義》）

「庶人庶士無廟，死曰鬼。」（《禮記．祭法》）

「鬼，人所歸為鬼。」（東漢許慎《說文解字》）

「鬼者，精魂所歸。」（清阮元《經籍纂詁》）

意思是，人死即為鬼，換句話說，成為鬼是人類最後的歸宿。當人死後，儘管肉體腐化回歸大地，靈魂卻與生命世界保有聯繫。

古代的人把祖先敬奉為鬼神，是「相信」至親的精神永遠存在，一代傳一代，因而建構出一個完整的死後世界。種種民俗與儀式，所要傳達的絕對不是盲目信仰，而是人們「送別亡者、安慰生者」的文化思維，以及細膩情感。

廣義的鬼與狹義的鬼

人死為鬼，俗稱為魂，是廣義的鬼；鬼仔古中所指多為狹義的孤魂野鬼。人死後所經歷的過程，依據不同宗教信仰而有不同解釋。台灣習俗普遍認為：人身有三魂七魄，死後七魄散去，而三魂終歸於神主牌、墓地和陰曹地府（接受審判或去投胎）。有後嗣祭祀的魂，喪期屆滿（通常是一週年，稱「對年」），子孫將其姓名「牒」入祖宗牌位同祀（稱「合爐」），自此成為各家的「公媽」（稱男性先人為「公」、女性為「媽」）；而無人祭祀的則成了孤魂，到處飄盪。

台灣各地都有替無主孤魂立祠的「陰廟」，包括：百姓公廟、大眾爺廟、有應公廟、將軍廟、萬善爺廟、十八王公廟、姑娘廟等，就是為了避免祂們因沒有香火祭祀而在人間作祟。

在田野訪問中，有少數受訪者將「瘦瘦小小，會幻化，會作弄人的一種存在，其本質是山精水怪之屬」的魔神仔與鬼相混，因此，魔神仔一詞可泛指鬼類，而狹義的魔神仔之相關傳說故事，已在《魔神仔的人類學想像》一書完整呈現，本書主要呈現我在魔神仔的研究過程中所聽到的一些鬼故事。我無法確認倘若我直接詢問人們鬼故事，是否所蒐集到的鬼故事會更為多樣，我猜想應該是所差無幾，鬼仔古本來就非常普遍，關鍵在於有沒有人要說，說了有沒有人記錄下來，蒐集資料時間的長短等等。至於所謂的「冤親債主」，又是另一種抽象的集合名詞，指累世、前世或現世所積欠的各種善惡因果執念，也和本書所指稱的鬼無關。

今年（二〇二五）四月上旬，和中研院民族所老同事余伯泉老師，在埔里鎮大廟附近素食餐館用餐，因為余老師是心理學家，想說他可以理解，期間也談到魔神仔研究，提到它和人類集體無意識的關聯，他就轉述了一個故事。

說故事的是他在中油任職時的好朋友黃先生，黃先生後來也成了一起跟李清澤教授學氣功的師兄，之後更在李老師帶領下，一同跟隨張祥安老師學習霆斬門氣功，算是這個氣功班的大師兄和助教。黃先生原先在中油就跟一位老師學習書法，這個老師曾說他在學習書法的過程中，宋代書法大家顏真卿，也就是古往今來學習書法的人都要臨其帖的顏真卿，曾親自前來指導。這應該是那位老師得顏真卿真傳的一種說法。我聽了馬上說，這是屬廣義的魔神仔，也就是泛指鬼類的鬼故事。和狹義的魔神仔，也就是矮人傳說並不一樣。我跟余伯泉老師說，很多功夫都有祖師爺，而且各種功法都有歷代祖師的觀念，霆斬門氣功也有。學功夫時，歷代祖師會來相助有緣者，這是常聽到的事。

人死為鬼，這是對鬼最簡單的定義。但是這裡還有很多複雜的事情要說明白。從漢人的文化來看，一般人死了，最正常的死亡情狀叫做壽終正寢，也就是歲數到了，年邁體衰而亡，家屬子孫陪侍左右，為你入殮送終。喪葬的儀節很複雜，一般是要設靈堂，立起神主牌，一直到告別式辦完，靈堂撤了，神主牌移到正廳，早晚還是要燒香，初一十五要祭拜，直到滿一年（對年），擇日神主名氏牒入公媽牌，亡者才算變成祖先的一份子，接受子孫的定時祭祀。

壽終正寢是漢文化的理想死亡，人人希望，但並非人人能如此。有些人早夭，有些人客死他鄉，有些人死後無子，許多種情況都可能讓人死後沒有子孫在旁，沒有子孫祭祀，這種無嗣（沒有後代）而亡的鬼，也就是所謂的孤魂野鬼，這才是鬼的真正意涵。這也是文化上必須有所處理的事情，不能讓無嗣又無祀的孤魂野鬼一直飄盪無依。所以有七月的普度，每年祭拜好兄弟。有各種各樣的陰廟，百姓公廟、大眾爺廟、大墓公的建立，基本上是地方民眾集塚立祠的行動，其基本的心態是不忍散落的無主枯骨無人祭祀，年久日深，骨頭累積了一大堆就開始建廟，讓這些無祀孤魂有所歸，才不會為祟為厲。鬼魂無所安頓的話，文化上認為祂們會做出危害人們的事情，所以要讓鬼有所歸，會有人解釋鬼這個字，其實有歸的意涵。這是漢文化很特殊的表現。

集體的鬼與個體的鬼

鬼有集體（collective）和個體（individual）之分。農曆七月民間舉行中元普度所祭拜的「好兄弟」，是集體的鬼；田野訪談聽到的鬼仔古，通常是屬於個別的、特定的鬼。

在漢人社會存在著一種二元結構（dual structure），例如：天與地、神與鬼、陰與陽、生與死、潔與不潔，而鬼通常被歸類在陰的、不潔的屬性之中。且基於對神秘事物的恐懼與禁忌，人們往往不直接稱「鬼」，而以避諱的別名來代稱，諸如好兄弟、阿飄、夢俍、無形……等等，所指的都是鬼。

無論廣義或狹義的鬼、集體或個體的鬼，對於人們來說，莫不希望人鬼殊途。因此，每逢特定節日，透過祭祀，請祂們吃飽喝足後離開，彼此互不侵擾，相安無事。

台灣人祀鬼風盛，每年農曆七月大肆祭祀好兄弟，眾孤魂野鬼雖然有男有女，台灣人統稱祂們為好兄弟，意思是說祭祀過後，大家好來好去，不要再來干擾找麻煩。因此農曆七月被視為在地獄中受苦的諸鬼魂，七月一日鬼門關一開，是祂們來人間享祀，接受招待的假期，七月最後一天晚上鬼門關要關上，祂們就得收假乖乖回去。七月中元普度的供品都非常豐盛，大魚大肉，山珍海

味，美酒佳餚，祭祀好兄弟。相關的習俗也非常多，放水燈替孤魂引路，牽水轙超度水難死亡的孤魂，搶孤模仿眾鬼搶奪孤棚上的供品，以為當年魚獲吉利的彩頭等。有些習俗也很難看到，像搶孤這樣的習俗展演，危險性比較高，主辦單位也會怕怕。

傳統地方社區有共同祭祀天地神鬼的需求，對社區居民而言，那是他們的義務，沒有誰規定他們要這樣做，只是大家約定成俗，因此七月普度會在不同層級的社區舉行，有些是角頭性的，有些是村庄性的，有些是聯庄性的，有些可能是鄉鎮性的，而有些中元普度甚至是縣市層級的，像基隆的中元普度，更有少數的案例是跨縣市的，例如桃竹苗地區每年在新埔義民廟所舉辦的中元普度。有些地方更有整個七月各庄社逐日輪流普度的情況，例如鹿港、彰化、嘉義以前都有這種習俗，不知目前是否還維持。

不僅地方社區要普度，家家戶戶也要普度，會在家宅門口擺設祭祀物品，每道菜都要插上香，還要有一盆洗臉水，裡面放毛巾，供好兄弟淨身，當然還要燒銀紙，讓好兄弟在冥世可以使用。現在很多公家機關，或是公司行號，也越來越多有普度的儀式，做生意的普遍會認為，賺錢與否其實是運氣，跟一些無形的力量有關，特別是陰的力量。既然我都好好款待了，好兄弟自然會在無形中幫襯些。

所以，最為人們熟知的鬼，其實是七月的好兄弟，而祂們是集體的鬼，人們印象中的鬼都是一夥一夥的。因此，有些地方普度之後，為防有些孤魂野鬼留戀人間，神明會出來「收散魂」，把少數沒有歸去的鬼魂再收回去，以確保人間社區的安寧。

陰廟拜的是陰神而非鬼

前文提到台灣長期有集塚立祠的習慣，建立之各種陰廟，像是大眾爺廟、百姓公廟、大墓公，這些是集體的。有些會叫有應公廟，有集體、個人的，也有些會稱作將軍廟或姑娘廟，通常是某個特定的人，死後有靈驗而設立的廟，照理姑娘廟所祀的是未婚而亡的女性，但也有已婚女性因為某些事蹟而被祀，例如高雄現有一座小廟，崇拜的對象叫鞋孀婆阿，祂原來是接生婆，在當地接生了很多小孩，祂雖然有結婚，但是沒有子嗣，當地居民就奉祀祂。通常將軍廟或是姑娘廟會有特定的名稱，譬如南投營盤口有蔡媽廟，草屯烏溪溪畔則有一間七將軍廟，是拜六個人和一隻狗死掉的靈魂。

台灣普遍存在這樣的陰廟，一直都有人祭拜，特別是清明，掃墓的人會順便拜一拜在墓頭常見的百姓公廟。這些陰廟跟台灣的開發史也是關係密切，不輸於地方的神廟，譬如新莊大漢溪旁有很多陰廟，不少和漳泉械鬥有莫大關係，傳說以前漳泉械鬥，大漢溪常常血流成河，因此需要為這些孤魂立塚成祀。但是陰廟日久常變成只有附近的家戶在拜，不像地方公廟的主祀神是地方的保護神，象徵地方整體大家比較看重，其廟宇的沿革與歷史發展比較有紀錄。陰廟的歷史常常付諸闕如，也很難考證。更糟糕的是，陰廟常在不知不覺間被拆除，台南和高雄沿海地區的陰廟多是地方政府為了建設而拆除，有些則是地方不重視，對古蹟沒有概念，或是有財團要開發，廟方美其名重建而拆除，這些動作，就是在剝除地方的歷史記憶，不可不慎。

陰廟常是「三面壁」的形式，也就是沒有廟門的簡陋小廟，一般人都知道那是拜陰的，但是陰廟所祀奉不是孤魂野鬼，而是陰神。集塚立祠是一種集體的社會行動，一旦立祠（enshrined），這些本來沒有人祭祀的孤魂野鬼，有了香爐、立了牌位，寫上名號，有些立了神像，有些設立管理委員會，有人經營管理。陰神也是神，原來無祀的孤魂野鬼轉化成神，變成能保佑大家的神，只是祂們還是跟陰界比較有關係，和一般地方公廟裡的正神不一樣。

陰界的地獄圖式

台灣的百姓公廟或有應公廟，常會看到地藏王，地藏菩薩是佛教的四大菩薩，地獄不空誓不成佛，宏願深入人心。在民間信仰裡祂成了地藏王，其職責也和陰間地府脫不了關係。台灣北部有名的新莊地藏庵，本來是祭祀大眾爺，新莊大眾爺的由來也是因漳泉械鬥傷亡慘重，後來地藏王成為主神，故稱地藏庵；新莊大眾爺分文武，文武大眾爺成了陰間地府的鬼官，每年的新莊大拜拜極其熱鬧，便是深受民眾信仰的大眾爺出來暗訪與遶境，反而不是地藏王的主場。這是很特別的案例，最初民眾祭拜大眾爺的時候，應該是陰廟，後來香火旺盛，廟方為大眾爺雕刻神像，也設起廟門，大眾爺也有乩童了，慢慢從陰廟轉成正神的廟宇。民間信仰裡有諸多的轉化現象，值得觀察。

一般認為人鬼殊途，陰陽乖隔，人活在陽世間，鬼活在陰間，這是陰陽的觀念使然。漢民族有陰間地府的觀念，地獄裡有十殿閻王，各有名號，各有職司，專門針對亡魂生前的所作所為個別審判，該拔舌的，該送刀山的，該下油鍋的，自有一干鬼卒拘拿行刑，恐怖的地獄圖式，就此成形。傳統的喪葬儀式都要做功德，功德儀禮的場所就掛出十殿地獄圖，圖畫內容十分驚悚，警世意味濃厚。當代已少見街坊鄰里、路邊巷內、喪家事主搭起的功德場，但是，我們在當代的一些閻王廟（如包公廟）還會見到這樣的雕塑場景。

從漂泊到安定

漢民族對鬼魂的想像是，脫離軀殼的靈魂，最初是茫茫渺渺，不知哪裡是黃泉之路，何去何從？文化就建構了一系列的死後世界，土地公在前引路，帶亡魂到城隍爺那裡報到。亡魂到了陰間地府，十殿閻王要進行審判，這應該是很難熬的一個階段。壽終正寢的，子孫舉孝，做七做旬，七七四十九天之後，亡魂安立神主，等待「對年」之後，擇吉日吉時「牒入公媽牌」，永久在家中享祀，這就是我們的祖先。至於沒法壽終正寢的陰靈，文化上也有一套建制，讓祂們得享人間的祭祀，七月普度便是我們祭祀孤魂野鬼的鬼月民俗，眾鬼得短暫脫離地獄，接受人們大魚大肉的款待。而「集塚立祠」的民俗行動，更使得一些在械鬥或征戰中死亡的無嗣枯骨，得以被收埋與安頓，因為替其立了廟，設了神位和香爐，接受人們祭祀，大眾爺或百姓公或大墓公，成了集體性的陰神，不再是飄盪無依的亡靈。當然也有單一的姑娘廟或有應公廟，有些可能原本是水流屍，人們加以處理安葬立廟之後，變成水流公或是水流仙姑等。這些舉措，反映人們對漂泊的靈魂的拒斥與恐懼，所以想方設法加以安頓，祭祀也就成了一種最可靠的方法，轉化陰邪干擾的具體良方。

《台灣風俗誌》中的台灣鬼

提到鬼的模樣，腦海中最先浮現的是：《聊齋誌異》的聶小倩？志怪小說中被宋定伯賣掉的鬼？或者日本夏夜裡遊行的百鬼、西洋的吸血鬼？還是各種影視、動漫中的鬼？

那麼，台灣鬼呢？

台灣有句俗諺說：「有山就有水，有神就有鬼。」在這片好山好水中，當然也有數不清的鬼，除了人們私語流傳，也有部分為文獻所記錄。其中，台灣日日新報社於一九二一年出版日本民俗學者片岡巖的《台灣風俗誌》，便敘述了許多鬼的名稱。包括：

◆乞食鬼、好兄弟、普度公。都是無緣孤魂。這些孤魂飢餓時，會作祟使人患病。當人患病時，需卜卦或巫覡來判斷，若是孤魂作祟，應在屋外供牲禮，焚香燒紙錢祭拜。孤魂聞香來享祀，飽食後離開，病人就會痊癒。孤魂就是餓鬼之類，而且傳說餓鬼很矮。

◆無頭鬼。指被斬首或馘首死亡。無頭鬼外形與人無異，但沒有頭顱。台灣人相信鬼的外形與人無異；而日本人則認為鬼是白衣、亂髮、瘦弱、面青、手垂、無腳等。

◆無厝家神。指無緣孤靈，最喜歡作祟人。

◆大食鬼。與餓鬼相似。

◆竹篙鬼。指身軀很高的鬼。

◆矮仔鬼。指軀體很矮的鬼。

◆吊脰鬼。指縊死或絞死的人，走路時頭俯前。

◆布袋鬼。指肥胖的幽魂。

◆大小鬼。即大鬼、小鬼。

◆婆姐母。即白髮蓬頭的鬼婆。

◆雨傘鬼。在降雨夜晚出現，只有一隻腳。

◆毛生仔。很像光頭的小孩，喜歡向小孩作祟。

◆纏身青面婆。面青，喜歡向人作祟。

◆遊路散魂和水鬼。遊路散魂是在路邊徘徊的孤魂。

◆僵屍。屍體接觸某種陽氣而甦醒過來的妖怪。

◆金銀鬼。金銀積蓄如山，不甘使用分文，數十年後會變成金銀鬼。

◆小頭鬼。指頭小身大的鬼。

◆客死鬼。即客死在遠方的異鄉人。

◆家親老鬼。親族死亡很久後變成的鬼，即是歷劫數的鬼。

◆石榴鬼。指嘴巴像石榴般裂開的鬼。

◆黃頭鬼。指頭部為黃色的鬼。

◆老母鬼。像老婆婆的鬼。

◆少年婦人鬼。青少女死亡變成的鬼。

◆枉死婦人鬼。含恨而死的女人。

◆和尚鬼。外形像和尚，身軀龐大。
◆少男不合鬼。尚未結婚即死亡的人。
◆少女鬼。外形如少女。
◆哭鬼。在特定時間會發出像撕絹布的聲音，非常恐怖。據說此時不宜舉行任何喜事。
◆瘟疫鬼。從前的人相信瘟疫流行是瘟疫鬼在作祟。瘟疫鬼的居處，依時日不同，觸犯時會患惡疫。

台灣民間鬼仔古

當過兵的人，總有說不完的軍中鬼話；每間學校，或多或少流傳著鬧鬼傳說；醫院裡發生超自然現象就像家常便飯，而新聞報導中的靈異事件更是層出不窮……關於鬼，好像每個人都能沾上邊，和別人分享幾則親身經歷或輾轉聽來的故事。

若說這些看不見也依舊存在的鬼仔古永遠是熱門話題，絕對不為過！

所謂鬼仔古，在台語中，是指和鬼有關的故事——而故事就是過去已經發生過的事情。舉凡諺語、歌謠、神話、傳說和民間故事等資料，都是建立在現實基礎上，與生活情境密切相關，具有文化上不容抹煞的意義。鬼仔古包含許多真實元素，而不盡然是虛構；儘管它不等於史實，卻也反映出人們的看法和立場。因此，我們不需要用真或假的標準去衡量。

台灣著名的鬼仔古可以從吳瀛濤《台灣民俗》、高致華《台灣文化鬼跡》，以及相關論文、新聞中，找到紀錄。例如：

◆林投姐。流傳較廣的是負心漢的版本，講述寡婦遭丈夫生前好友騙財騙色，三名幼子因而亡故，被拋棄的女人最終在林投樹上吊自殺。

◆黃寶姑。台南流傳黃寶姑，生於清道光年間曾與府城吳氏家族訂親，然而未婚夫因戴潮春事件客死他鄉，黃寶姑不願改嫁，並自殺殉節。

◆水鬼做城隍。民間傳說，有一位無辜受害身亡的員外變成水鬼，與一位捕魚的漁夫結拜為兄弟。水鬼把抓交替的事情告訴漁夫，接連幾次都被漁夫阻擋。後來閻羅王認為水鬼長久在水中受苦，不願把人拖下水，便派祂擔任縣城隍。

◆水鬼變伯公。水鬼將抓交替的計畫告訴鐵匠，被鐵匠阻止，他說：「老鬼，祢在水裡，固然受苦，可是來到地上，地上的生活也不一定是祢所想的那樣舒服。地上的人有地上的人的苦處，所以我想祢不如好好地在溪裡積善行，自然而然就會有善報。」後來水鬼成為伯公（土地公）、鐵匠成了王爺。

◆換首。民間故事中，鬼和書生結成義兄弟，教他讀書方法，使他升上高官；後來又幫他老婆與死掉的美人換臉——因為脖子有換頭痕跡，從此改穿高領衣。

◆民雄鬼屋。位於嘉義，幾乎是全台最著名的鬧鬼地點。傳聞，一名婢女因故含冤投井，自此屋內常傳哭聲與琴聲，夜晚常見女鬼飄浮窗邊，傳出靈異照片與怪事。

除此之外，我們也透過田野調查，蒐羅到各式各樣的台灣鬼仔古，進而看見這片土地的民俗風情與文化精神。

敬鬼神而遠之

這個世界上究竟有沒有鬼的存在，並不會因為我們的相信或者否定，而有所改變。

在這裡，我想分享一段真真實實的鬼仔古：

一九九七年二月二十七日晚間，在台北後車站的圓環，舉行二二八事件五十週年紀念活動，其中街頭行動劇的表演，聚集上萬名群眾圍觀。行動劇重現當年國民政府查緝私菸引發衝突的場面，扮演「陳儀」的演員坐在馬椅上，指揮「軍警」鎮壓「抗暴民眾」，甚至演出手推車堆滿屍體的逼真畫面。依照劇情，「抗暴民眾」推倒「陳儀」後，「軍警」會出面承接保護；豈料，演員竟然當場後腦觸地，經送醫急救後宣告不治。

當時我也在現場，因為視線的關係，看不到第一時間事發的狀況，然而內心不禁想說：你們搞藝術的人實在太過輕忽民俗的重要性了！就民俗學的觀點來說，紀念絕對不等於祭祀，二二八事件代表著無數茫茫渺渺的國殤冤魂，祂們終究不是神，難保看到逼真的還原景況後不會暴衝。果真發生了悲劇。

關於這一點，鄰國的作法值得借鏡，日本防衛省（國防最高主管機關）海軍對於為國捐軀的軍人身後事極為慎重，他們到全世界去慰靈，目的是希望在各地殉職的日軍亡靈都能獲得撫慰而安息。反觀我們，經常把許多事件與政治綁在一起，最後又不了了之。

生活中的各種習俗都是文化的一部分，和「鬼」有關的習俗當然也是。習俗會隨著時間推移，而不停地調整變動，每個地區、每個家族、甚至是每個人，都可能衍生出諸多版本相異的說法。我們在此不打算建構一言堂，而是希望透過這本《台灣鬼仔古》，用比較通俗淺顯的方式，引領更多人對鬼故事及其相關的民俗文化展開探索之旅。

死亡不是結束，而是另一種生命形態的開始。關於鬼的世界，我們何妨看作是人間的延續。就像世間的人有好壞之別，不好不壞的人更多，鬼自然也有好壞的不同，既然好人比壞人多，善鬼也會比惡鬼來得多，甚至更多的鬼沒什麼好壞可言，或許，保持距離，寧可信其有而不迷信，才是最好的態度。

台灣鬼仔關係譜

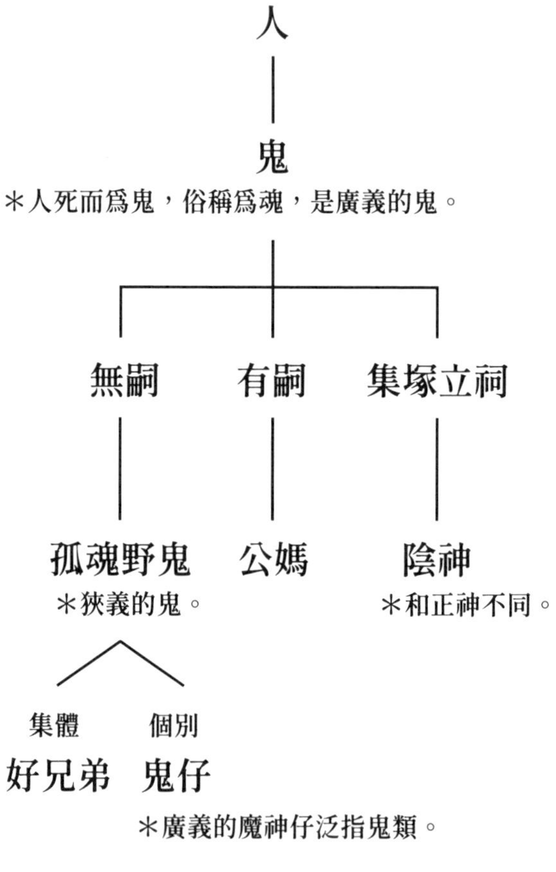
人
鬼
＊人死而為鬼，俗稱為魂，是廣義的鬼。
無嗣
有嗣
集塚立祠
孤魂野鬼
＊狹義的鬼。
公媽
陰神
＊和正神不同。
集體
個別
好兄弟
鬼仔
＊廣義的魔神仔泛指鬼類。

學校、醫院、軍營、旅館、公路，甚至是自家宅內，經常是鬼仔古發生的場域，而且背景越是平靜越讓人毛骨悚然！軍營中的鬼會踢正步嗎？平和的校園爲什麼老是鬼影幢幢？飯店與公路的鬼又有什麼不一樣？本篇以場所爲分類依據，收錄在自家、校園、醫院、部隊、飯店、行車中、墓仔埔和山裡出現的鬼。

Part 1

我在這裡遇到鬼——鬼在哪裡，怎樣撞鬼

Chapter 1 家鬼

人死爲鬼，自家人往生後就成了家鬼。鬼魂的概念，即是文化思維的延伸，鬼的身分也隨關係的親疏遠近而不同，所以有家鬼、野鬼之分。民間信仰認爲屋舍住家皆有地基主護佑，通常進得了家門的多爲家鬼。

深夜起來上廁所，經過神明廳時，看見平常抿嘴笑的泛黃阿公遺像，笑到眼睛牙齒發紅。

File 01

亡魂掛心癡呆兒

報導人：黃太太（計程車司機）
採訪時間：二〇〇八年十二月上旬
採訪地點：花蓮市
採訪記錄：林美容

今天搭她的車快下車時，我拜託她如果知道有誰會說魔神仔的故事，或是知道有關魔神仔的故事，不一定自己親身經歷，請她告訴我。她說這都是古早的事了，現在沒有。我說就是要聽古早的事，接著她馬上說最近在她家發生的故事。

她家後面是廚房，隔著一條防火巷，是一戶姓魏的人居住，跟他們有一點親戚關係。前幾日每到晚上八點多的時候，就會聞到一股香煙的味道，令人感覺不舒服。她自己也有聞到，心中也有所「掛意」。第二天她兒子告訴她有聞到不好的味道，她嘴硬回說，也許是自己家拜的菩薩來收香煙，她兒子說不是，很像人家靈堂燒的香煙味道，而且已經連續三天。她新婚的兒媳婦也回說有聞到。過不久住在鄰近一位姓陳的婦女才跟她說，魏某某去世了。這位往生者有三個兒子，小兒子住在本厝，靈堂也設在本厝，黃家後面的房子是往生者的大兒子和二兒子居住，大兒子以前車禍受傷，有點癡呆。可能往生者放心不下大兒子，靈魂回來探望。三樓是拜公媽的地方，魂魄大概先到「公媽廳」，隨著南風，飄進黃家，黃太太的兒子現在還覺得怪怪的，心裡不舒服，常常把「後壁尾」廚房的窗戶關起來。黃太太便跟他說，某某往生，也已火化安葬，不會怎樣了，但她兒子還是會把窗戶關起來。

File 02

阿伯魂體回公廳看望

報導人：王女士（王永慶老家族人）
採訪時間：二〇〇九年元旦下午
採訪地點：新店直潭
採訪記錄：林美容

王女士看守王家的公廳，裡頭掛了好多王家先人的照片，公廳裡原有的一些文物已經失竊。王永慶十六歲就離開老家，可能以前在家族內有被欺負，對老家的族親沒有很照顧。他們家以前在公廳旁，現在是一塊菜園的地方。王永慶的老家在新店靠近直潭國小的地方，一座三合院的老宅，前有涼亭，門前有階梯可以下到馬路。

住在山區裡，王女士每天下午六點以後就不敢出門。前一陣子她的阿伯過世，雖然不住在這裡，但是魂體有回來看看，因為有一天王女士的兩個小孫子說：「阿媽，怎麼有一個老阿公在那裡？」小孩子通常都會看到。

File 03

夜半在家看到鬼

報導人：鄭小姐（一九八九年生）
採訪時間：二〇一〇年七月下旬
採訪地點：澎湖
採訪記錄：賴衍璋

二〇一〇年七月底時我到澎湖去旅行，同團的團員中有八位大學生，因為用餐時都是同一桌，於是就向他們詢問有關魔神仔的傳說，其中有二位說了親身經歷的鬼故事：

鄭小姐，家住台北市中山區，就讀於德明科技大學三年級。據她的描述，在她大一的時候，有一天在家裡半夜三點起床上廁所，經過客廳時看見一位身穿白衣、頭髮很長的人，面容可以辨別出是位女子，就站在沙發的轉角處，她很清楚地看見那位女子，當下沒有太在意，上完洗手間後還有看到那位女子，之後她就進房去睡覺了。鄭小姐在受訪的時候說她回想起來覺得毛毛的，我接著問她，當時你不怕嗎？鄭小姐說當時不會，只覺得那位女子應該不會害她，所以不太害怕，事後回想才有點毛毛的。

另一次也是在大一的時候，與前一次相隔不久，這回也是半夜在家裡，不過時間就記不清楚了，據當事人描述，她的床尾是一個ㄇ字型的衣架，上面掛滿了衣服，那天她睡到一半突然醒來，看到一位眼睛很大的小男孩，一動也不動地蹲在衣架下看著她，鄭小姐沒理會，繼續睡覺。第二天她跟父母說了這件事，之後去廟裡找濟公處理，廟方就辦了儀式超度那位小男孩，之後就再也沒看過了。

File 04

家裡看到的夢倀

報導人：陳老闆娘（一九五二年生，屬龍）
採訪時間：二〇一〇年八月上旬
採訪地點：中研院附近餐廳
採訪記錄：林美容

老闆娘小時候住在北勢湖（現在的內湖路一段），住家在大馬路邊，是傳統的三合院。有一次她的姊姊（比她大兩歲，當時大約十一、二歲），有一天在家裡的房間看到夢倀（mńg-sńg），長得高高大大，戴帽子，一下子就不見了。家人問說有沒有腳，姊姊說，太害怕了沒看清楚。後來有問神明，乩童說是陰的、不好的東西。她姊姊跟她一樣是近視眼，不是陰陽眼，但是會看到無形的東西。那時有一位親戚也有看到。這位姊姊後來嫁給桃園埔心的一位外省職業軍人，現在住在木柵，因為年齡相近，跟她比較親。當年老闆娘聽到這個事，也是很害怕。

File 05

「桌頭嫺」討飯

報導人：楊阿媽（六十餘歲）
採訪時間：二〇〇〇年九月中旬
採訪地點：花蓮市
採訪記錄：翁純敏

楊阿媽表示：魔神仔我沒有親自遇過，但是，在我公公往生第二天晚上，親身體驗了被「桌頭嫺」掐脖子的經驗。

那時靈堂就設在大廳，大約晚上快十點了，因為辦喪事忙進忙出很疲累，就倒在大廳後內廳的椅子上小睡一下，迷迷糊糊間，覺得有人掐住我脖子，讓我快喘不過氣，睜開眼睛一看，居然是公公靈桌上的「桌頭嫺」（紙糊女婢），我奮力掙扎，扳開祂的手，就醒過來了。

那時女兒坐在我旁邊看電視，我問她有沒有聽到我在叫救命？為什麼不叫醒我？她說看我好像在講夢話，想我白天太累了，想讓我多休息，就沒叫我。

隔天我問了熟悉禮俗的葬儀社的人，才說是我沒有為「桌頭嫺」供飯，祂來討飯。我自知疏忽，趕緊補上，心中也沒有特別害怕就是了。

File 06

鬼天一亮就消失，魔神仔不會

報導人：廖先生（計程車司機）
採訪時間：二〇一〇年十二月中旬
採訪地點：南港到松山途中
採訪記錄：林美容

廖先生說他家世居新店，但阿公時即搬到萬華，參加車隊已經十年了，我說新店有很多關於魔神仔的傳說，他說對，因為常常有人在碧潭自殺，他說魔神仔和鬼不一樣，魔神仔是矮矮小小的那種，日本人說的河童就是我們所說的魔神仔，在新店一般老人家會叫小孩子天黑以後不要出去，否則會被魔神仔抓去，不過他說魔神仔應該不怕天亮，畢竟傍晚到凌晨是鬼活動的時間，天一亮就要消失，但魔神仔就不會。

他說有時候在家裡看到黑影、白影，這是祖靈稱作「序大」，祂們這些「序大」有時候看到幼兒會抱他們，小baby會受到驚嚇，所以有時候要向祖先拜拜，請祂們不要抱小孩子。小孩子被驚嚇到的話，有時去廟裡求香腳（即燒過的香），給小孩子帶在身上也會好，不一定要花錢買平安符或是給乩童收驚。

他這兩年不知道為何有時會感覺歹物仔來倚，不一定是鬼，也有可能是精靈，他都會有感覺，冒冷汗，身體會不舒服，會痛。

File 07

死去的二姊帶陰鬼來捧場

報導人：鄧女士
採訪時間：二〇一一年十一月下旬
採訪地點：花蓮市
採訪記錄：李林進旺

三年前（二〇〇八）的十一月時，是我搬來這裡（建林街）的第六年，一位住池上的謝姓好朋友來訪，他是算命的，那時我正好剛賣熱食，我就跟他抱怨說：「我這裡生意很不好耶，不知道怎麼辦？浪費時間，實在很討厭，做到不想做了，你也稍微幫忙我一下。」他就把日曆翻一翻，告訴我一個日子，跟我說這個日子的前一天必須要沐浴，然後在當天子時一刻（晚上十一點十五分）靜坐，起碼要靜坐二十至四十分鐘，如果你覺得做了不錯，你所要求的錢財、生意都有達到的話，以後每天到了那個時候都要持續。

到了那天晚上，我就在房間的硬木板床上靜坐，因我不常盤坐，坐太久，腳很痠，有時一隻腳盤起來，另一隻腳就放在地上，結果七坐八坐，腳很痠很麻，實在很累，倒下去就睡著了，以前從來沒有那麼好睡的。睡著了以後，大概半夜三點快四點的時候，做了一個夢，夢到我已往生兩、三年的親二姊走很快，帶著很多人，從（建林街與和平路）那個轉角過來（我店裡），吵吵鬧鬧地說著：「走啦，走啦，在那邊啦，那欉盆子遮住那邊啦。」我就覺得奇怪，是誰吵吵鬧鬧那麼大聲？我出門一看，說：「唉呀，夭壽，我阿姊來了，她不是死了，來這邊幹嘛？」我就害怕跑到廁所躲起來，怕她看到我，就在廁所裡面，聽到外面很多人在嘰哩呱啦說：「奇怪，是跑到哪裡去？怎麼沒有看到人？」後來過一陣子沒聽到聲音，我偷偷開廁所門看，沒有人了，我再出來，我嚇得一身汗，就醒了，那時約四點多左右。

隔天快到中午時，我就打電話給謝老師：「夭壽喔！你叫我靜坐，坐一坐腳很痠，三點多就做到一個夢，夢到我姊姊帶著一堆鬼要來給我捧場，以後我不敢坐了。」他說：「你真沒用，你不是說你沒有生意？你不是叫我幫你？我選那天叫你靜坐，你沒有正財，想說要給你帶一些陰財，你阿姊帶陰財來給你，你連你阿姊都怕？（那時候）你就要趕快出來迎接，那是無形的（財），它會換做有形的（財）來。」事後我很失望，咱就是沒有財的人，也不敢再抱怨，平安就好了。

File 08

夢中與先住的亡者交談

報導人：鄧女士
採訪時間：二〇一一年十一月下旬
採訪地點：花蓮市
採訪記錄：李林進旺

二十多年前，花蓮市上海街那排都是矮房子，那時一號、三號、五號是同一個房東，我就住在一號（和平路與上海街轉角，曾是鼎宴樓餐廳），在亭仔腳有個攤子賣檳榔，叫作「靜慧檳榔攤」，斜對面是無極天金母娘娘的宮（微鳳宮）。

原來我住在乾爹乾媽家（今和平路加油站對面），因與他們口角，我就在那邊流眼淚，金母娘娘的堂主娘過來安慰我，我因而去他們那邊拜拜，經堂主娘介紹，才搬到上海街一號。我從外面看那間房子，第六感就感覺陰氣很重，眾人好意推薦，看我一個女人帶小孩子很可憐，認為住在那邊可以互相照顧，七講八講就租下去。當時跟我的兒子入住，一個月租金三千多塊，住在那邊有很多夢，至今想到仍嚇死人，從那次開始，我就覺得我的第六感不錯。

有一天晚上兩點多，我夢見我想要尿尿，就起來走到廁所前，有一個阿伯坐在那邊，我說：「阿伯，走啦，我要過啦。」他說：「唉呦，你怎麼那麼凶。」

我就回他：「我要去廁所，你擋在路中間，你很奇怪耶。」他說：「這是我先來住的，你乞丐趕廟公。」我覺得很奇怪，「阿伯，這是我租的房子耶，我怎樣乞丐趕廟公？」他說：「這是我先來住的耶。」我說：「你也讓我過，我要上廁所啦，快點。」他說：「我就腳痛，爬不起來。」我問他哪一隻腳痛，他說：「就這一隻腳。」那時我剛好也是同一隻腳潰爛有傷，我就說：「奇怪，我們兩個怎麼都同一隻腳痛？」我又問他住哪裡？他說：「我住日本。」我又覺得奇怪，他住日本，怎麼現在坐在這裡？

我跟他交談時，一直以為我是在跟人說話，沒有意會到他是魔神仔，還是鬼，就繼續問他：「你在這邊幹嘛？」他回應說：「因為戰爭被打死，我就沒回去了，就住在這裡。」我看他穿著深藍色的中山裝，裡面還穿一件白色領口的衣服，就說：「那該怎麼辦？」他說：「你住你的，我住我的，哪有怎麼辦，我是要跟你講，你不要乞丐趕廟公。」我就突然醒來了，醒來時，我看身旁的時鐘，剛好三點多快四點。

File 09

睡覺時床會旋轉

報導人：簡先生（九十三歲，大溪人，耳聰目明）
採訪時間：二〇一二年三月上旬
採訪地點：大溪簡家客廳
採訪記錄：林美容

簡家的對面以前都是田，但是更早之前是殺人的地方，應該是刑場吧，有一個槽專門接行刑時流下來的血。後來蓋了房子，對面的那戶人家，有一次來跟簡家問可不可以讓他接電過去；因為那時電很少，天一黑，到處黑漆漆的。他家沒有電，晚上睡覺床會翻轉過來，因此來求助。電一接通，就沒有這些鬼魅的事情了。

File 10

友人家遇鬼，冰涼陰森感

報導人：張先生（五十幾歲，大溪人）
採訪時間：二〇一二年三月上旬
採訪地點：大溪開漳聖王廟遶境途中
採訪記錄：林美容

張先生說他有兩次看到魔神仔，一次是在三峽與大溪交界，一次在龍潭。忘記以下記錄的故事是發生在哪一處，地點是在他或朋友家。突然感到魔神仔逼近，有種陰涼感，不只皮膚，一直冷到骨頭裡，他說這是家內的鬼，還好是自然往生的，比較不要緊。他當下沒說什麼，只說有事情要離開，然後就沒事了。他說如果碰到不是自然往生的鬼魂，祂們很凶惡，比較會出事情。他說碰到這種事情不可聲張，鬼魂就像人一樣，你不對祂怎樣，祂就不會對你怎樣；你不碰祂，祂也不會來碰你。

File 11

大兒子被阿公「問到」

報導人：張老師（輔大助理教授）
採訪時間：二〇一二年三月下旬
採訪地點：師大附近餐廳
採訪記錄：李家愷

有一則被「問到」的故事，發生在我兒子身上。我的阿公很重男輕女，我爸跟我說，我出生時，因為是長孫，阿公很開心，你知道嗎？他把我抱著，我沒穿褲子，被他抱出去走。他就是要告訴人家：我們家生男的啦！

有一次，我帶著小孩回鄉。那時阿公已經過世了，而我的大兒子剛出生沒多久，第一次回鄉。我爸爸知道阿公重男輕女，想說祂一定很高興，怕祂會去

「問」我的兒子，所以我們一進門我爸就先下手為強，先點香，跟阿公說我們知道祂很高興，在旁邊看就好了，不要去「弄」小孩，以免嚇著小孩。結果還是被「弄」了，回家後小孩高燒、哭鬧不止，那時我們沒跟阿公上香，而是帶小孩去廟裡問米卦，結果真的是被「問」到，收完驚之後就沒事了。

File 12

替人看風水，看到屋內有一個出車禍者的魂魄

報導人：劉先生（道士）
採訪時間：二〇一二年三月中旬
採訪地點：花蓮縣吉安鄉
採訪記錄：李林進旺

出車禍的人常常會受到驚嚇，失魂失魄，魂魄無法回身體，魄跑掉的話，人的七情六欲就會忘掉，變得呆呆的，若人的三魂跑掉一個的話，會變成植物人，沒有感（知）覺，所以道家說「失魂失魄，一定要收魂收魄。」我曾去幫一戶人家看家宅風水，看到一條女性的魂魄在房子裡遊蕩，最後跑到地下室的牆壁上貼著。我描述她的樣貌、服飾、年齡，問附近有沒有這樣子的人，主人家就說有，說這位女性曾出車禍。我就請他帶我到那位女性的家裡，而這位女

性也還活著，只是她家人帶她出來見面的時候，人已經變憨憨的，吃飯要人餵；我把情況告訴她父母，但她父母不信這些，我們也愛莫能助。

File 13

死去的婆婆夢中告知，要帶走家裡一個小的

報導人：黎小姐（中研院員工）
採訪時間：二〇一二年三月中旬
採訪地點：中研院附近餐廳
採訪記錄：林美容

之前中午吃飯時，黎小姐先說起她婆婆最近提起她死後不要住在家裡那個小小的玻璃框的公媽牌位，說太小太密閉了，她不要。其實這個祖先牌位是搬家才新裝的，差不多才一年而已，當初裝的時候，婆婆也沒有反對。她婆婆時年八十九歲，她還說，她婆婆最近講說夢到她早已往生的婆婆來說要帶走家裡一位年輕的，因為黎小姐先生兄弟中的老三（屬豬，大概五十八歲），酗酒成瘋，常常不吃飯，在外面亂晃，應該是她婆婆擔心這個兒子，又想到自己也餘日無多，所以注意起公媽牌位的事情。

今天又在餐廳碰到老闆娘和黎小姐在談話，因為已經沒什麼客人了，我就

換桌過去跟她們一起。黎小姐一看到我，就急忙說，她後來有去赤峰街那裡主祀濟公的聖濟宮，那裡有一位老乩童，也會通靈。黎小姐拿婆婆的生辰八字給他，他說她婆婆今年八十九歲，年運不好，因此有教她化解的方式，就是要在家裡，清晨五點到七點的時候，看家裡有多少人口就煮多少顆蛋，並且煮兩口分量的麵線，全家人都要祭拜，他還有教她要念些什麼詞。並且跟她說公媽牌不可以隨意動，也不能更換，因為公媽牌越舊越好。她表示，這件事有多困難，就是她酗酒成瘋的三伯，很難搞定，沒人可以對他怎樣。我跟她說，很多廟都有在做祭解，保安宮、松山城隍廟，可以用別的方式化解。她還跟我說，她也有去問她姊姊的出家師父，那位師父也說這樣的事要想辦法解決。

File 14

媳婦快斷氣的時候，已逝的婆婆來接她

報導人：楊女士（法鼓文理學院佛學研究所博士班）
採訪時間：二〇一八年四月上旬
採訪地點：通訊軟體
採訪記錄：林美容

楊女士表示，家裡的人快斷氣時，家族的人會在門口候接。她就說了她一

個同學家的故事。她說這位同學的阿公失智多年，她阿媽快斷氣時，忽然她阿公喊出她阿公媽媽的名字。她說她同學的媽媽在旁一聽，好吃驚，但就在這時候，她阿媽就斷氣了。似乎是她阿公一喊出名字時，她阿媽就斷氣了。

File 15

外婆要過世時，夢中與家人道別

報導人：嚴翰迪（輔大宗教系碩士）
採訪時間：二〇一八年四月上旬
採訪地點：通訊軟體
採訪記錄：報導人整理

我想起我外婆過世時發生的靈異事件，那時我外婆昏迷病危，但大家不知她何時會走，在外婆斷氣的那個半夜（子時斷氣），外公在家裡睡覺，忽然聽到外婆很清楚地叫他：喂！起床了，什麼時候還睡。外公被驚醒，覺得奇怪之際，醫院打來通知說，外婆已過世。

這故事還有後半段，當事人是我。外婆過世時，我在台北輔大睡覺，忽然夢到外婆，她坐在床上像平常一樣塞給我一些錢，對我說：這一百塊你拿去。但明明她塞給我五百塊，正當我考慮要不要找她四百時，她就站起來越走越遠消失不見（外婆過世前一年癌細胞入侵骨頭，骨折無法行走）。夢醒後已中午，外公打來跟我說外婆在凌晨過世。她在生前很疼我，連要走時也不忘來見我最後一面，還塞給我錢。夢中外婆給我錢的行為，家人研判是給我手尾錢的一種表現。

File 16

阿公的魂要來把爸爸帶走

報導人：許助理（某國立大學研究所）
採訪時間：二〇二五年三月上旬
採訪地點：南港車站餐廳
採訪記錄：林美容

許助理說大約十年前，他爸突然中風身體不好，一直有狀況，身體明顯虛弱。他覺得不對勁，去保生大帝那邊靈光乍現地問：「是不是我家的祖先來我家要帶我爸爸走。」聖杯，得到神明的回覆後，他直覺是他爺爺：「是我阿公嗎？」又得到一個聖杯。於是他請保生大帝跟他阿公說，可不可以以後再來，最後又得一個聖杯。過幾日，他爸爸的身體就好轉了。

他阿公是一九九六年過世的，這件事是二〇一五年左右，也就是大約他阿公過世約二十年左右，竟然要把自己的兒子帶去陰間地府，不過這也說明人死後都要去見已逝世的先人。

File 17

鬼醫師夢中來說要治病

報導人：林許女士（一九二九年出生）
採訪時間：二〇一七年中秋節
採訪地點：南投縣草屯鎮
採訪記錄：林美容

林許女士說有一晚她獨自睡覺時看到一個沒有腳沒有手的人，男的，說要給她醫病，她還稱他什麼醫師，好像是她認識的人。我問她是誰，又說不上來。

File 18

看到七爺八爺，之後一個更大的存在喊走祂們

報導人：陳老師（竹北市新湖國小）
採訪時間：二〇一八年十月底
採訪地點：從新湖國小停車場到新竹高鐵途中
採訪記錄：林美容

陳老師跟我說了他小時候發生的故事。

他說他四、五歲讀幼稚園時，有一晚睡覺突然聽到開門聲，他們家的門鎖和門打開的聲音都比較特別，他看到一高一矮、一胖一瘦，應該就是七爺八爺（他認為七爺八爺就是黑白無常），其中一人來拍他的手，他那時是側躺，所以手掌向上。另一人就說不要跟他這樣玩啦，之後這兩個一高一矮的就被另外一個更大的人叫走了，那個更大的人發出男性、較低沉的聲音，把那兩個一高一矮的喊走。

他小時候很敏感，怕這怕那，但發生這事之後，他好像就什麼都不怕了，只怕這兩個人再來。他有跟媽媽說有鬼進來，他媽媽說有鎖門啊，他說門被打開了。很神奇的是，這事發生後他的手掌出現一顆黑痣，平的，他曾嘗試把它摳掉，卻摳不掉，他還把手掌給我看，在左手掌下方，確實有一顆黑痣。好像從此之後他的想像力變得特別豐富、敏銳，他說這是一種特別的能力，就像我剛剛在講到政大後山紅衣小女孩的故事，他腦中就有很清晰的景象出來，不過他也不知道這想像力能做什麼。

File 19

看到人家家裡早逝的小孩

報導人：玉店店員
採訪時間：二〇二五年六月上旬
採訪地點：台北市忠孝東路五段某玉店
採訪記錄：林美容

我是該玉店的顧客，跟他們買過幾個翡翠，偶爾會就近去永春店保養翡翠。某日去保養，店裡只有一位店員，也沒有其他顧客，此店都會在顧客來保養的時候，講些玉的知識。店員就聊到有一位四十幾歲的日本客人住在台南，教台灣人日語，有一次他一個人去別人家教日語，這位日本人，看到有一個小孩在家裡竄來竄去、跑來跑去，就問家裡有小孩嗎？主人說沒有啊！但是那天他教完課之後，瀏覽牆上的照片，卻看到一個小孩，他指著那照片說，剛剛他看到的小孩就是照片中的那個，主人卻說那是他們家很小就過世的孩子。很奇怪，亡逝小孩的魂滯留在家，而且沒有長大，還被日本人看到。

File 20

父親亡靈交辦事情

報導人：髮廊設計師 Amy（女，五十多歲）
採訪時間：二〇二五七月上旬
採訪地點：台北市延吉街
採訪記錄：林美容

這位髮型設計師是嘉義靠港口宮瓊仔埔那邊的人，瓊仔埔每年都會去港口宮進香，她雖然出嫁，但會回去跟著進香。接著她就講到她父親亡靈兩次來托夢的事，也講到她的家人，數度哽咽。大概是聊天當中她逐漸知道我是做民俗信仰研究的，她突然想起好像在電視上看過我，知道她可以跟我談這方面的事情。

以下是她說的有關她父親的故事：她父親是今年（二〇二五）舊曆年前一週往生的，先前他在鄉下的養老院住了八、九年。她父親生前拜媽祖，是港口媽的契子。她父親往生之前的那晚，她去安養院看他，由於工作繁忙，隔天早上六點就得離開，她對她父親表達養育之恩的謝意，跟他說如果前面有光，就跟著走就對了，希望他一路好走，請她父親自己決定看什麼時候走，來得及的話，她就送他回家裡壽終，果真她父親在清晨五點離世，享年八十二。

第一個頭七就是除夕，一切好像都安排得好好的，年末火葬場正好那天還有一個位置，她說這都是母娘慈悲，她經常參與的松山慈惠堂一位老師幫忙處理後事。她父親過世不久，曾兩次托夢給她，一次是叫她代為包紅包給弟媳，一次是請她要備辦六盒餅到港口宮拜媽祖，而且弟弟和弟媳都要一起。原因是她的弟弟四十九歲才娶妻，往生後她弟弟和弟媳有去看她父親，人雖然走了，靈魂有識，覺得第一次見媳婦應該要包紅包，因為她弟弟沒有舉行婚宴，沒有做大餅送給親友，所以亡靈交代要帶六盒餅或是蛋糕也可以，就跟媽祖婆說，弟弟和弟媳的婚姻，就請媽祖作主了，有請媽祖主婚的意思，也有請媽祖保佑他們夫妻幸福平安的意思。她說，以她父親的身體狀況，應該早一年就會走的，但硬是多撐了一年，應該是為了以自己的生命來阻擋兒子四十九歲的關厄，讓他的兒子可以順利通關。為人父的心思啊！

【新聞事件】

「家裡有鬼害我頭痛」阿媽索警帽鎮宅一夜好眠

事件時間：二〇二〇年八月／事件地點：新北市林口區／資料參考：《自由時報》

新北警方近來接獲一名情緒低落的獨居阿媽求助，她慌張地跟警察說「我家裡有鬼」，這隻鬼讓她頭痛欲裂，希望警方幫忙抓鬼。年輕所長楊凱文熱心趕來阿媽家，見無異狀，阿媽向所長索取「帶有警徽的警帽」，想拿來鎮宅，所長基於「為民服務」，認為阿媽能夠安心最重要，馬上取來一頂警帽供她驅煞，還應對方要求，與制服警員到阿媽房間「以正氣踩踏」。過了幾天阿媽見到警方，精神奕奕地說：「隔天一覺醒來，頭痛毛病馬上好多了！」直呼警徽真有用。林口警分局長亦表示，警徽由國徽及代表警察的和平鴿組成，的確在民間流傳能避邪。

Q 家鬼出現的用意？

A 人死為鬼，自家人往生後就成了家鬼。我們對鬼魂的概念，是一種文化思維的延伸，鬼的身分也隨著與人之間的親疏遠近而不同，所以有家鬼、野鬼之分。

民間信仰認為屋舍住家皆有宅第之神地基主的護佑，通常進得了家門的多為家鬼。而家鬼出現的原因，包括：即將離開陽間而特地來告別、牽掛子孫或親友而前來探視、陽間有未了的遺願、向親友請求焚燒更多紙錢等。

Q 被公媽「問到」是什麼意思？

A 被鬼魂「問到」也是「卡陰」的一種，而自己家的公媽也可能「問到」自家的子孫。根據民間說法，通常是公媽回來陽間巡看時，單純要向子孫打個招呼，或一時忘記陰陽兩隔而忍不住「摸」一下嬰幼兒。雖然公媽沒有歹意，但小兒無形中受到驚嚇，很容易身體不適。

另外，若祖先牌位、家族墓地或風水出現狀況，公媽也會透過這種「問」，來暗示子孫。

Q　為何家中會出現外鬼？

A　在田野調查時，最常聽聞的原因是：外鬼比屋主更早進入那間房子，這種情況通常發生在搬家之初；或是屋主經常從外購買古董或人形塑像回家，而這些物品已有陰靈附著，因此把祂們帶回來。

Q　家中鬧鬼的可能徵兆？

A　自家理應是最平安的地方，若出現外鬼，絕對會讓人渾身不對勁，請試著觀察是否有以下徵兆：

◆住家位置陰暗潮濕。鬼喜陰，若不慎誤闖，會找尋偏好的環境停留。

◆經常聽見怪聲響。例如：四處傳來的腳步聲、牆壁裡的哭笑聲、竊竊私語、莫名的狗吠貓叫聲。

◆飄散出怪氣味。包括香的、臭的、難以形容的各種氣味。

◆東西無故失蹤或是改變位置，甚至瞬間移動。

◆寵物出現異常行為。動物的感應系統比人類敏銳，因此狗、貓會避開危險或對某些角落感到好奇，比如直盯著不動。

Q 公媽可以驅外鬼嗎？

A 祖先牌位供奉公媽之祖靈，不具神力，因此傳統廳堂會設置尪架桌（佛公桌），懸掛「觀音媽聯」，以觀音菩薩為主尊，一併庇佑家中老少與祖靈。

Q 尪架桌掛「觀音媽聯」的用意為何？

A 舊農村社會的家庭、神明廳、佛堂，普遍供奉以觀音菩薩為首的神明繪像；傳沿至今，若家中設有尪架桌（佛公桌），多會懸掛觀音媽聯（觀音彩仔）。

觀音菩薩是佛教、道教共同祭祀的神祇，也是台灣民間信仰中的家堂神之首，與灶君、土地公合稱「家宅三聖」，或與媽祖、關聖帝君、灶君、土地公組成「家堂五神」。

當外來佛教融入漢人的民間信仰，與祖先崇拜結合後，人們建構出兼具陰間地府與西方極樂世界的死後世界，而觀音和地藏兩大菩薩具有超度陰魂的靈力，這也是許多「齋堂」和「巖仔」以觀音為主祀神的原因，祂們與祖靈、陰靈祭祀的關係特別密切。

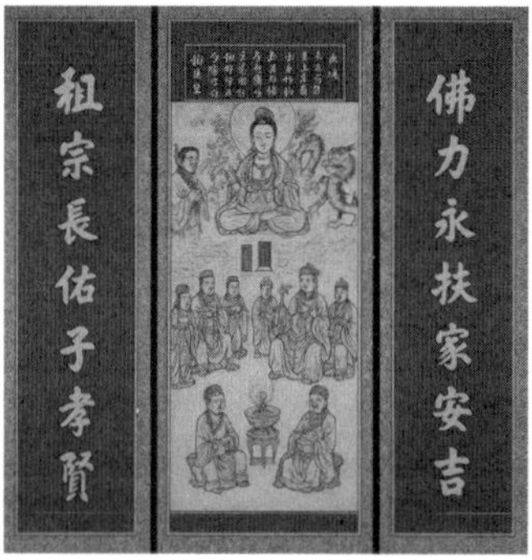

我在《臺灣的齋堂與巖仔》曾指出觀音菩薩是「民間崇奉最殷的佛菩薩，中國化得最徹底，甚至被賦予女性的形象，對於幽幽亡魂，具有母性、女性特質的觀音佛祖，其接引超度，對生者而言，無疑具有一股巨大的撫慰力量。」因此，在尪架桌安奉觀音媽聯，與自家公媽一同晨昏祭祀，既能保護家宅平安，亦具有超度祖靈的意義。

Q 什麼是「託夢」？

A 從某種意義來說，託夢是鬼魂與生人接觸最普遍的模式。不過神明也會託夢。《俗語考原》對「託夢」的解釋是：「俗稱寢中亡者見形為託夢。意謂精靈有所囑託也。」換句話說，託夢是往生者出現在生人的夢中，向人間傳達祂的需求或遺願，乃至預告未來的吉凶禍福。

儘管多數科學家傾向用「日有所思，夜有所夢」來解釋這樣的超自然現象，然而，田野訪談中卻有不少人夢見過世親友交代事項或某東西放在某處，醒來後，果真得到印證；甚至以託夢傳遞線索偵破刑事案件的例子，從古至今不分東西時有所聞，因此，坊間流傳有「八成重大刑案是冤魂協助破案」一說。例如，有多年辦案經驗的法醫和刑警，皆曾有多次被亡者託夢而協助偵破疑案的經驗。

Q 託夢和做夢有什麼不同？

A

田調時，根據有被託夢經驗的受訪者表示，日常做夢往往醒來後就忘了，但被託夢的情境即使變得模糊，卻仍然清楚記得亡者在夢中所交辦的訊息。因此受訪者秉持「受人之託，忠人之事」的心態，將訊息轉告相關親友。

雖然託夢者以亡故親友較為普遍，但也有完全不相識的人，基於受夢者的職業或地緣關係，甚至只是有過偶然多看了兩眼的因緣，致使頻率相通，而前來託夢。

屏東枋寮東龍宮就有一段微妙故事：一九八二年，二十八歲的石女士到蝙蝠洞遊玩，返家後身體欠安，有天中午夢見一位講日語的軍人，但是她聽不懂日語。隔天，日本軍人帶了翻譯再度到她的夢中，表示自己是一位日本將軍（田中綱常），希望長住台灣，救世濟民，請她幫忙建造寺廟。經過查證後，真有田中綱常這號人物，還曾在日治初期擔任過台北廳知事。

以這個例子來說，田中綱常是在日本往生的，而且過世八十五年，無論是時間、地點，以及託夢者和受夢者之間可說毫無淵源，根據石女士的說法，在她十三歲至二十八歲之間，此夢經常重複，可能顯示她與田中將軍之間，有某種深刻的宿世因緣。

Chapter 2
校園

鬼仔古的傳播媒介與文化氛圍相關，老城市、老社區、老地鐵經過歲月之河的沖蝕，累積無數生老病死，總會留下許多難以解釋的故事。學校在建校初期需要大型空地，經常挑選古代刑場、公墓或亂葬崗等廉價地段當作校地；此外，學生放學後，校園就空空蕩蕩的，傳說不脛而走。

逢魔時刻，日本時代就蓋好的校舍走廊一角，總有個身穿舊制服的男學生在牆邊罰站，嘴裡不斷念著「我沒告密我沒告密……」

File 01

國小裡的魔神仔

報導人：李先生
採訪時間：二〇〇八年十一月上旬
採訪地點：台北市南港區
採訪記錄：林美容

樓下的李先生說以前南港國小的禮堂，曾經有人看過魔神仔，但是詳情他不清楚，有可能曾在南港國小任職的張老師會知道，而且他還曾在校內住過。不過打電話給張老師想要採訪，他卻推說不知道，也許是不願意談吧。

File 02

花蓮富里國小後山的夢倀

報導人：某女士
採訪時間：二〇一〇年十一月下旬
採訪地點：花蓮往台北的太魯閣號
採訪記錄：林美容

坐太魯閣號回台北的路上，有一人希望跟我換位置，所以我移到一車。但有人坐了我靠窗的座位，我說沒關係，就攀談起來。我邊吃飯邊跟她聊天，起先是閒聊，後來就問她有沒有聽過關於魔神仔的故事，她一開始說沒聽說過，我又追問那小時候呢，她才說有。原來她是花蓮富里人，嫁到雲林斗南，以前曾在台北工作，家裡開海釣場，現在她當居家服務人員，專門服務老人。

她說小時候大人會說富里國小後面的那座山有夢倀，不要靠近，不然會被牽走。她說魔神仔就是夢倀，還說以前的人入山砍柴，常常會失蹤，因為山上沒有指標，也沒人可以問路。失蹤的話，有時只在附近找一找，不太會入山，怕自己也被牽走。她說雲林也有這樣的說法。

她不相信有魔神仔，不過她先生曾在雲林看過外星人的飛碟，那是在半夜看到白光的飛行體，不過並沒有報紙報導。她倒是相信有外星人，可能是因為先生看過的關係。她說我們是住在地球的人，照理外太空，或是海底應該也有其他生物，只是我們沒看到而已，像是美人魚。

File 03

到處都有鬼

報導人：楊宗祐（台南興濟宮文教組組長）
採訪時間：二〇一二年五月下旬
採訪地點：台南興濟宮
採訪記錄：林美容

昨天在台南大學開會，宗祐也去參加，聽過一些報告之後，宗祐就載我離開，前往興濟宮拜拜。之後楊一樂也來了，和小梁眾人去麵攤吃麵，因為還有時間，就一起閒聊。宗祐跟一樂不知道在講什麼「無頭轎」，我沒聽過這個東西，他們就為我詳細解釋。原來是台南地區，神明暗訪的時候，會進行「放告」，讓鬼魂申冤。有時板子一放下來，說了放告以後，真的就有無頭轎等著要告陰狀，就是小轎子上面沒有蓋子，只用紅布遮著，裡面放神主牌。我就說我的研究計畫採訪到的鬼故事，很多形容鬼的說詞，都說是沒有頭，或是臉部看不清楚。宗祐就講到他能看到鬼。以下是他講的內容：

他曾在台北大學的研究室看到鬼，祂們通常是來討超度，但他會指著放在研究室裡的小神像說，不要跟我講，去跟神明講。台北大學附近的路上某個轉彎處，旁邊有一個大窟窿，那裡很陰（一樂也說每次走過那裡，都會毛毛的，儘量避免經過）。宗祐說有一次走過，身上不知道是被什麼樹葉拂過那樣的感覺，結果手臂上就出現明顯的抓痕。

File 04
開學搬宿舍，晚上睡覺看到鬼

報導人：簡女士
採訪時間：二〇一七年十月中秋節
採訪地點：南投縣草屯鎮
採訪記錄：林美容

今天三弟和弟媳阿妙回老家，阿妙說她女兒就讀嘉南藥專，每次暑假後，開學換宿舍，都會看到魔神仔。她說這次看到一個約小學四、五年級，沒有頭的小男生，衣服有綁領帶，站在她床邊，她嚇壞了，用被子蒙住頭。第二天晚上她同學來陪她睡覺，雙人寢睡了四個人。阿妙說前一次女兒看到的是穿紅衣的女生，她聽說後，有先去林仔頭的帝爺廟（紫微宮）拜拜、處理。

File 05

住進新宿舍，一家老小七個人來鬼壓床

報導人：張同學（慈濟大學英美系）
採訪時間：二〇一八年四月下旬
採訪地點：慈濟大學
採訪記錄：報導人整理

我同學在他住的學生宿舍，遇過不可思議的鬼壓床事件。

Ｌ同學是在台中市的沙鹿區念某科技大學，他當時覺得自己很幸運，可以在學校新宿舍蓋好的第一年享用到全新乾淨的空間。可是當Ｌ同學搬進去的時候，卻赫然發現房間怪怪的，明明剛蓋好，可是他一進去濕氣霉味卻異常重，好像屋齡超過三十年以上。其他同學的房間卻完全沒有這樣的感覺，而且採光極佳又通風。Ｌ同學當時沒有想這麼多，直接住進那間詭異的房間。當晚，他準備要洗澡的時候，浴室門才一打開，就看見一個全身發著綠光的人站在裡面，下一秒又突然消失。Ｌ整個嚇到呆傻地站在原地，等他回神時，完全不敢進去洗澡。他就這樣硬撐了三週，這三週他基本上就一直不斷在房間裡看到奇怪的影子。

可是真正最恐怖的是在某一天晚上，Ｌ同學特別疲累地回到房間準備睡覺的時候，他突然間覺得肚子好像有什麼很重的東西壓在上面，他的手腳雖說是可以動，卻異常無力，無力到無法下床，身體完全動不了。他定眼一瞧，赫然發現肚子上坐著一家老小七個人，有男有女有老有少，祂們還不停地說：「這是我們的房間！」這樣的話語。L同學嚇得要死，最後在心中大喊耶穌救我！他的身體瞬間就可以動了。L同學邊哭邊奪門而出，之後直接搬出那間宿舍。

File 06

住大學宿舍耳邊有人吹氣

報導人：謝同學（台北地方異聞工作室成員）
採訪時間：二〇一八年九月中旬
採訪地點：中研院民族所
採訪記錄：林美容

謝同學分享她念大學在宿舍發生的事。有晚半夜一、二點，她因白天事情多，躺在床上還未入睡，突然感到四周陷入寂靜，她感覺怪異，雖然夜深，但宿舍還是有晚睡的人在活動，怎麼會一下子聲息全無。然後她就聽到有人發出好像在練聲樂的高亢聲音，她也分不清男聲女聲，突然感覺一個人出現在房門口，才在想寢室的門應該是關好的，他怎麼進來的呢？或許那人知道她在看，就衝她走過來，並且還貼近她的耳邊，哈了一口氣，她只覺有風，不知是冷是熱，她嚇得叫出來，那人就快速竄走，跟他進來慢條斯理的樣子，很不一樣。她受到很大的驚嚇，當她把這事告訴室友後，有位室友是基督徒，她的家人就帶來了聖水，為她點一點額頭和肩膀，也在寢室內灑淨。她自己的家人也給她帶來平安符。

File 07

怕鬼源於對死亡的恐懼

報導人：黃小姐（中研院民族所編譯）
採訪時間：二〇一九年八月下旬
採訪地點：台北市忠孝東路百貨公司餐廳
採訪記錄：林美容

黃小姐出身高雄林園，住的地方一邊是海一邊是山，也就是林園清水巖那裡。她小學時掃廁所，廁所那裡很偏僻，有一次掃完廁所，再開門看一下，廁所突然「哇」一聲大叫，把她嚇壞了。她回去還跟大家說了這事。

她高中的時候，林園的家是三合院的兩排房子，旁邊有一個傳統的尿礐，再過去是馬路，村廟就在不遠處。因為想說等村廟的公共廁所蓋好，再拆掉這個老式廁所；這個廁所雖然使用水泥，但還是傳統蹲式的。有一天晚上，她如廁時聽到高跟鞋、步鞋的聲音，開窗一看，卻什麼也沒有，這可把她嚇壞了。從此她就很怕鬼，之後還陸續聽到奇怪的聲音。

大學住宿，她原先習慣晚上九點就睡覺，但是同學都晚睡，她這個習慣也就被破壞了。她說有一個同學告訴她，小時常趴在窗戶，就會告訴媽媽在窗外有什麼什麼。後來長大之後，和媽媽聊起小時候的事情，媽媽說其實窗外什麼也沒有，但是那時媽媽並沒有直接跟她說。

黃小姐知道自己有對死亡的恐懼，她長年坐禪，所以她就決定去替亡者助念，慢慢地在死亡的場景中助念，現在她已經不害怕死亡了。

【新聞事件】

彰化恐怖中學！驚見「滿滿鬼影」

事件時間：二〇二一年八月／事件地點：彰化／資料參考：《鏡週刊》、《東森新聞雲》

彰化培元中學是當地知名的廢棄學校，民國八十八年爆發財務問題，九十一年被教育部勒令解散，關門荒廢至今多年，由於校地一旁是墓地，校園前身又是亂葬崗，荒廢後的靈異怪事傳聞從未間斷。

一名男網友在「Dcard」發文表示，自己高中時因為好奇，考完期中考便跟同學相約去彰化廢棄中學探險，但當時好多人不敢去，所以只剩下原PO與三位同學共同前往，中途還經過一處墓地後，才抵達目的地，不過走到一半就有一位同伴跌倒，還聽到警報器聲響起，於是他們蹓進一旁的廢棄宿舍，並在校園繞一圈，原PO也拍下許多照片紀錄。

不料原PO回家仔細一看照片，全身毛骨悚然，因為照片裡面滿滿的鬼影，「真的嚇到我腿軟掉。我發誓當時拍攝時完全沒人，然而校園卻拍到好多位，似乎已經（在）警告我們。」

Q 鬼怪如何作祟？

A 民間對鬼怪作祟的解釋，多與魂魄相關，例如：鬼怪奪取生人魂魄，或是侵入人身，排擠原有魂魄。當魂魄受到驚嚇而離開身體，人的精神意識和行為舉止隨之異常（俗稱「著驚」），其中又以衰運連連、生病最為常見，嚴重者甚至導致死亡。《莊子．知北遊》中寫道，「魂魄離散，形神俱滅。」；《抱朴子》也記載：「魂魄分去則人病，盡去則人死。」

以民俗觀點來看，醫師所開的藥單無法治癒「著驚」，需透過收驚、祭改等療法，借助神明之力，收攝魂魄，才能重新安定人的心神。

Q 什麼是「夢倀」？

A 進行民俗的田野調查時，我曾在北部聽到「夢倀」（台語發音近似 mńg-sńg）一詞。究竟夢倀是什麼？

在古代傳說中，被虎吃掉又受虎使喚去作惡的鬼，稱作「倀鬼」，因此有「為虎作倀」之語。在清代紀昀《閱微草堂筆記》裡提到：「聞倀役于虎，必得代乃轉生，是殆倀誘人自代，因引人捕虎報冤也。」

有一位熟悉台南道教、民間信仰的學生告訴我，夢倀和魔神仔是相同的東西。他說夢倀是形容「像夢魘那樣會讓人感到害怕的東西」，因為夢倀的禁忌性較小，人們於是用夢倀來避諱，以免直接說出「鬼」或「魔神仔」的字眼。

換句話說，夢倀雖然用作鬼和魔神仔的代稱，卻和倀鬼沒有太大的關係。

Q 為什麼玩碟仙、筆仙、錢仙會撞鬼？

A 校園鬼仔古經常出現玩碟仙、筆仙、錢仙的情節，這是庶物信仰（fetishism）的延伸，無論石頭、樹木皆有靈，無機物的碟子、筆、錢，也可用來問事；而且，遊戲玩土偶也是神明起源的一種說法。

以民俗觀點來看，這類神秘的遊戲，會有「請」和「退」的儀式，召喚出未知的鬼魂靈體附在某種器物媒介上，向祂詢問問題（問乩）。俗語說：「請神容易，送神難。」若惹怒了請來的「仙」，往往容易留下後遺症。

Q 何謂「庶物崇拜」？

A 從遠古時期，人類就認為世間的萬事萬物皆有靈性（又稱「泛靈論」）；受到了儒、釋、道的交錯影響後，台灣的民間信仰更擴及天神、地祇、人鬼和庶物。庶物崇拜（fetishism）包括自然現象、動物、植物、礦物，以及人為的生活器物，例如：門神、鋤頭神、掃帚神、豬稠神等，蘊涵著對周遭環境的包容與敬畏。

Chapter 3

醫院

醫院，雖然人來人往看似陽氣旺盛，實則常有生命逝去或臨終者，本就與「鬼」、「死」緊密相關。太陽下山後，更是陰氣沉沉，因此晚間探病被視為對探病者不利。在鬼門開的七月，陰氣更盛，探病容易「氣場不穩，帶煞上身」。

盲腸炎術後，幸運地住進三人健保房，但只有我一人的房間。半夜卻聽見隔壁床傳來吸不到空氣的抽搐聲，還有個聲音不停刮著牆板。

File 01

癌症手術後，看到小孩子要進來車裡

報導人：黃女士
採訪時間：二〇一二年七月中旬
採訪地點：伊斯坦堡考察途中
採訪記錄：林美容

因為我提到媽媽手術後住院時發生的事情，黃女士說她有一個同事的媽媽因為癌症手術而住院，之後出院要回家的時候，老人家一直說有一個小孩也要進來，為什麼不讓他進來？坐車的時候，也一直說這個小孩子在車裡什麼什麼的，把家人都嚇壞了。

File 02

曾當過護士的外婆之醫院鬼話

報導人：林女士（李家愷的媽媽）
採訪時間：二〇一二年十一月上旬
採訪地點：李家愷家中
採訪記錄：李家愷

今天吃晚餐時談到我外婆，沒想到竟牽連出這些醫院鬼話。我外婆在一九五〇年代時，曾在花蓮省立醫院當護士。我媽說她國小時，曾因盲腸炎開刀，開完刀後要住院，晚上需要家屬陪，本來理應是我外婆要陪她，而且外婆是醫院護士，這樣最方便，但外婆的護士朋友卻自告奮勇陪床，說這樣省得外婆調班麻煩，所以我媽住院的那幾天晚上都是由外婆的同事陪她。我媽說，話雖這樣講，但外婆後來告訴我媽，其實她因為怕鬼很怕值夜班，而我媽住的病房離太平間很近，外婆覺得很恐怖。

我媽告訴我，外婆曾跟她說過醫院有很多鬼故事，而且外婆自己就曾遇過。外婆說有一晚她跟另外一位護士值夜班，兩人輪流休息，外婆在打毛線，另一位護士就趴在桌上睡覺。結果她睡到一半時，一直發出叫喊聲且一邊掙扎，外婆趕緊過去搖醒同事，這位護士醒來說，有一個人走到她身旁掐她，她形容此事發生的整個場景就是她趴睡的地方，也看到我外婆在一旁打毛衣，但外婆說她什麼人也沒看到。不過外婆說，雖然沒看到任何人，但聽到同事這樣講，還是心裡很毛。

我媽說有經驗的護士其實知道很多類似的事，還提到外婆過世前住院的經驗。她說外婆要過世的前幾天，曾夢到閻羅王來抓她，醒來後跟家人講了這事，大家都安慰她。結果當晚約十一點到十二點時她整個人一直吐大氣，狀況很差，好像快要走了，我外公就叫我舅舅、媽媽趕快去準備壽衣。當大家回到醫院時，外婆又恢復穩定，而且第二天還能正常和人聊天說笑，外公看外婆一切恢復正常，以為沒有大礙，便叫累了一晚的大家先回去休息，但再隔天，外婆還是過世了。護士後來告知這是迴光返照，我媽還埋怨怎麼不早點說，好讓家屬能提早準備。

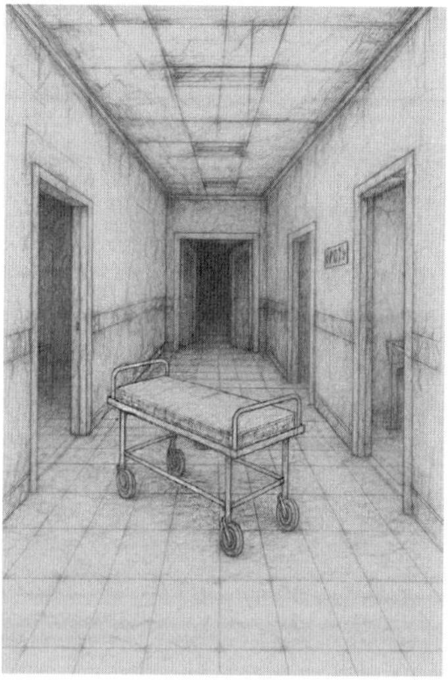

File 03

夢到病懨懨的人起來走路，必是沒救了

報導人：陳老闆娘
採訪時間：二〇一八年一月底
採訪地點：中研院附近餐廳
採訪記錄：林美容

二〇〇〇年前後，餐廳的二、三樓是住家，四樓則是另外一戶，那家的女主人罹患卵巢癌，病懨懨長期住院。有一天晚上老闆娘夢到她怎麼走在路上，好像要回家。第二天起床之後遇到賣豆漿的老闆娘，跟她說起這事，竟然對方

也夢到同樣的事情，那時她們談起來就知道這位罹癌的鄰居可能沒有救了。果然不到幾天，那個鄰居就死了。她說，周公解夢有類似的記載，夢到的事情，通常會跟真實發生的相反。

她還說這位罹癌鄰居四十幾歲，人本來很漂亮，在求醫的過程中，有一年中秋節，她堅持回家團圓，因為沒有力氣，先生背她上樓。那時候陳老闆娘看到她的臉，嚇了一跳，四十幾歲的人竟然看起來像八十幾歲。

她說在更早之前，有一次她們聊天，對方似乎已知有癌症的事，她說她因為痛風，醫生建議她喝咖啡，陳老闆娘就跟她說，不要喝咖啡會得卵巢癌，那個鄰居還愣了一下，有跟她說得了「歹症（pháinn-tsìng）」。

File 04

往生前業報現，看到有的沒的

報導人：林老師（任教於莆田學院）
採訪時間：二〇二〇年七月下旬
採訪地點：中研院民族所
採訪記錄：林美容

林老師的媽媽因為B肝而肝硬化，住院治療很久，到最後醫生說沒法開刀治療，回家照顧半年才往生。她媽媽住院期間都是她在照顧，有一次她媽媽說，有人站在門外，問說是男的還是女的，也說不清楚，但其實什麼也沒有，之後又說看到好多蛇，很害怕。林老師就告訴她媽媽一起念佛，跟這些眾生說對不起，迴向給祂們，果真念一念，她媽媽就比較好睡了。這些她媽媽看到的人或蛇，應該就是所謂的冤親債主吧！

【新聞事件】

從台南最大醫院淪「全台最大鬼屋」

事件時間：二〇二四年八月／事件地點：台南／資料參考：《聯合報》、《鏡週刊》

位於台南的杏林醫院，空蕩蕩的走廊、斑駁的牆面，營造出一股陰森恐怖的氛圍，至今已歇業超過三十年，由於流傳許多靈異事件與都市傳說，因而聲名大噪，甚至被稱為「全台最大鬼屋」。

很難想像被稱為鬼屋的杏林醫院，曾在多年前是台南當地最現代化的醫療機構，醫院在一九七五年於台南市中西區西門路一段與西寧街口開業，由黃森川、許博英和吳明輝三位醫師合力創建。這座氣勢恢宏的七層樓建築，占地廣闊約有三百坪，中庭天井的設計更是獨具匠心。

一九九一年，杏林醫院爆發重大危機。官方調查揭露，醫院涉嫌偽造醫療紀錄、詐領公務人員及勞工保險金等不法行為，財稅申報不實的問題也逐漸暴露，最終導致該醫院於一九九三年六月一日被強制停業，並於同年八月二十一日結束營運。

停業後的杏林醫院，醫院內部的醫療設備與藥品保持原樣，彷彿時間在此凝結。隨著歲月流逝，這座建築物逐漸成為都市傳說中的熱門話題，許多人聲稱在醫院內看見鬼影幢幢、透過望遠鏡看見長髮女子飄盪，或遇見白衣老者徘徊，甚至謠傳有人接到來自醫院的神秘來電。

Q **鬼月潛規則：不宜到醫院探病？**

A 當人生病時會處於陰盛陽衰的狀態，而醫院本是陰陽交界點，到了太陽下山後，更是陰氣沉沉，因此晚間探病被視為對探病者不利。特別是，農曆七月鬼魂來來往往，較容易與人擦身而過，於是有人忌諱探病。聚陰之處更應該心存善念，至於是否探病，請自行權衡輕重。鬼月不是不讓你關心病人，而是提醒你：「探病這件事，要選時、選地、選心神。」

Q **什麼樣的人容易撞鬼？**

A 容易「撞鬼」的人，根據民俗的說法，通常具有幾項特質：

◆八字較輕。傳統習俗以出生年、月、日、時，搭配天干地支後，組成八個字（稱作「八字」），用來推測一生的禍福吉凶。我們從農民曆可以查出八字的重量，通常是越重越好；而八字輕則被認為比較容易受到靈界的侵擾。

◆敏感體質。這裡是指對不同磁場的振動較為敏感，因此，比較容易看到一些有的沒的。有人認為敏感體質的人經過靈修後，強化感應能力，就能接收到磁場的變化，即所謂的「通靈」。

◆精氣神不足。這是指後天條件而言，當一個人的身體弱、精神差，以及台語所說的「運勢穲（ūn-sè-bái）」時，也比較容易犯邪沖煞。我說現在很多年輕人會通靈，每個人通靈的因緣和方式不一樣。因為遇見亡魂，而開始能夠看到靈界的事情，也是一種觸緣和方式。

◆在成年之前。世界上有許多文化都認為小孩屬於「神」的國度，後天的遮障比較少，靈性比較高，相對，也比較容易看見鬼。例如：剛會說話的小孩，總是一個人對著空中指指點點老半天；或是小朋友堅持石獅在動，偏偏大人的眼睛就是看不出來。在漢人習俗中，為了要小孩「好育飼（hó-io-tshī）」，父母長輩會請神明收為「契囝（khè-kiánn）」，在身上「貫捾（kǹg-kuānn）」，護佑其平安成長，直到十六歲才「脫捾（thuat-kuānn）」。「轉大人（tńg-tuā-lâng）」後，當人們逐漸消磨靈性，似乎也慢慢地忘記了另一個世界。

Chapter 4
部隊

軍中鬼話可以說是台灣鬼故事的一大發源地，在故事或影視作品中，常出現明確的影像；然而在我們蒐集到的田野調查資料中，只有三則描述看到比較接近實體的形象，如看到「一隻透明的手」或是「穿著白衣的女鬼」，其他則多半是模糊的影子或是怪聲。

我被操到昏倒前，聽見連長在耳邊吼「撐住」，可他早在一週前因為黑函被強迫退役，接著便自戕身亡。

File 01

詭異聲響

報導人：黃先生（七十幾歲，計程車司機）
採訪時間：二〇〇八年十二月下旬
採訪地點：花蓮市
採訪記錄：林美容

黃先生講到他當兵時的事，我順口問他在部隊有沒有聽說過魔神仔的事，他說當兵時他駐守的部隊在桃園虎頭山，部隊看守彈藥庫，上面是「塚仔埔」（thióng-á-poo，公墓），有人會聽到一些奇怪的聲音。不過他擔任測量兵，常常出去外面測量，倒是不曾聽過什麼奇怪的聲音。

File 02

金門當兵鬼仔古

報導人：王先生（計程車司機）
採訪時間：二〇一〇年九月中旬（南港至復興南路）、二〇一二年一月上旬（南港到松山火車站）、二〇一二年七月中旬（從活動中心往八德路）
採訪地點：坐計程車途中
採訪記錄：林美容

本來只要坐到捷運南港站，後來改坐到復興南路，和王先生聊開來。他先提起交通工具，說以前的人需要好的馬匹，繼而說到現代科技有可以迅速在天空飛的東西，我就先問他相不相信幽浮，他說他絕對相信，接著我問他相不相信魔神仔，他說他遇過，結果就說了以下的故事：

一九八三年他在金門當兵的時候，有一次在部隊站內哨。睡眼朦朧之時，突然看到好漢坡下面的糧倉附近有綠色人影，周圍微微發光，揉揉眼睛再仔細看，就什麼都看不到了。最後一次聽他講的內容是，那個鬼是穿白衣，是個男的。

這並不稀奇，稀奇的是，隔了不久，因為金門河堤潰堤，連上要大家去撿石頭，他到糧倉附近撿石頭的時候，把一塊大石頭掀起來，赫然發現裡面有一個很大的裝骨頭的「鳳金甕」（hōng-kim-àng），連長馬上叫人去買了銀紙、蠟燭和乾糧零食等，祭祀了一下，把石頭重新又蓋起來。所以看起來那個綠色的影子是故意顯靈給他看的，讓他搬到那塊石頭，好讓祂得領受祭祀。

部隊的連長睡的房間是在好漢坡一上來的地方，但是房子的外面有一個墳塚，連長睡在那裡不

害怕嗎?連長有戴國徽的,當然不會害怕。王先生說有一次站哨的時候,看到好像有人通過安全士官室、連長室,走進旁邊一個文書的辦公室,就好奇過去看,那房間只有一個出入口,但是怎麼看,裡面也是空無一人。他就去安全士官室問,有沒有看到人走進那個房間,他們說沒有,有沒有聽到開門與關門的聲音,他們也說沒有。他聽了覺得毛毛的,為什麼就只有他聽到與看到。不過這之後,他就再也沒有見到鬼了。

隔了幾個月,坐計程車第二次再遇到王先生,他又說了同樣的故事,不過把搬石頭看到骨頭的事情說是發生在前面,之後才看到糧倉的鬼,他說當時害怕得要命,把軍隊的棉襖大衣蓋在頭上,不敢看,不過說鬼並沒有要害他的意思,應該是來感謝他的。

王先生住在淩雲五村,是外省人,祖籍山西,父親時年八十七歲,還健在,與他同住,母親是台灣人,前年往生,享年七十歲。這是最近一次聽到他講故事時,問了他家詳細的情況補充記錄。也確認他是先搬石頭看到骨頭,祭祀之後不久,那鬼魂才顯給他看。

File 03

左營軍港午睡鬼壓床

報導人：吳先生（計程車司機）
採訪時間：二〇一〇年十一月上旬
採訪地點：南港到松山火車站途中
採訪記錄：林美容

吳先生談到年輕當兵時發生的事情，那時他的部隊到一個營區受訓，就在附近的左營海軍軍港內，那時大家都在午睡，他在睡夢中覺得有東西壓身，要叫也叫不出來，要動也沒辦法動，想說這是不是就是所謂的鬼壓床，於是就放鬆心情，隨他去，過不久就好了。

當時同部隊的一個隊友是台南人，還沒入伍就已是玄天上帝的乩身，告訴他這個營區裡他確實看到好多個（鬼）。他說一個人會成為神明的乩身都是神明自己找的，並不是你要成為乩身就會成為乩身，像這位隊友，最初神明要他當乩身，他並不願意，但是發生了一些事，都靠神明幫忙解決，最後還是成為乩身。他的體質比較特別，可以看到無形的東西，可能是這樣所以神明找他當乩身。

File 04

駐防馬祖，半夜鬼來哈氣，讓他咳嗽

報導人：翁先生（計程車司機）
採訪時間：二〇一〇年十二月中旬
採訪地點：南港到松山火車站途中
採訪記錄：林美容

今天要去松山火車站，又叫到翁先生的計程車，上車沒多久，他就好像跟老朋友講故事一樣，說前幾天他在某巷午休，躺在車內要小眠，就感覺到有鬼壓床，想要起來卻醒不來，他先說這是體質的關係，後來又說只要你有修行，這些東西就要來靠你，我問他做何修行，他說他是念佛的。

他就說了一九八〇年他在馬祖當兵的故事，那時候還是蔣經國當總統，阿兵哥都睡在坑道裡，設備什麼都很簡陋，坑道內還有蜈蚣。有一次去海邊駐防，一批十個人，床分上下鋪各睡四人，要留兩人在外面站衛兵，那個地方緊鄰海邊，中共那邊的「水鬼仔」有時會游上岸，把站衛兵的人割耳朵、剁手指頭之類，大家都很害怕，而前一批的人也沒什麼交代，就坐船回基隆。結果他每次晚上睡覺（他睡在上鋪）都會一直咳嗽，有時鬼會給你哈氣，到了第三天就知道這樣不行，只好下來下鋪和隊友一起睡，果真沒事，也不咳了，他當兵完回台灣，沒想到鬼附身現象更嚴重，大概經過十多年才處理好。

不過，他最近仍有鬼壓床的現象，或許鬼附的問題，尚未完全處理好。

File 05

衛兵打混，誰來報馬仔？

報導人：林老師（台中教育大學台文系副教授）
採訪時間：二〇一〇年十二月下旬
採訪地點：高雄市鳳山區
採訪記錄：黃璿璋

我當時服役於海軍陸戰隊，在鳳山擔任預官少尉，因多利用夜間寫作，常於寫作之餘查哨，以防衛兵混水摸魚，當時被抓到打混的衛兵通常會處以關禁閉的處分。某天夜裡，我於寫作工作告一段落後，進行例行查哨，巡到外哨時發現衛兵臉色異常難看，當我問衛兵發生什麼狀況時，衛兵才向我坦承，其實他剛剛並沒有認真站崗而是跑去旁邊睡覺，但是睡到一半隱約聽到有聲音跟他講：「你排ê來了！你排ê來了！」他得到提醒後趕緊跑回去站衛兵，果然不久後我就來查哨了，此時衛兵才察覺，自己是單兵站哨旁邊根本沒有人，那剛剛提醒的聲音從哪裡來的？到底是什麼東西？因此非常恐懼，而在夜間獨行查哨的我，對於自己的行蹤究竟被什麼東西察覺百思不得其解，面對黑夜中偌大的營區，在單獨回到寢室的路途上不禁不寒而慄！（當夜我放衛兵一馬，並未關他禁閉。）

File 06

轉頭看到鬼

報導人：陳先生
採訪時間：二〇一一年八月上旬
採訪地點：台南市臨水夫人廟附近
採訪記錄：李茂志

報導人是我的高中同學，以往每次回台南都會約他出來喝茶。這次回來台南剛好他退伍沒多久，他是在台南市小東路上的軍營服兵役，我就問他有沒有在軍中聽到鬼故事或是遇到怪事，就跟我說了幾件故事。

他說去年（二〇一〇）的時候，有兩位學長在彈藥庫站哨，那天是站單兵哨，也就是一次換一個人。那兩位學長在彈藥庫前站哨，站到一半就到彈庫前的樓梯坐著聊天休息。聊到一半甲學長轉頭看右邊的乙學長，結果一瞬間就轉回來，不動聲色繼續聊。

過沒多久，乙學長對甲學長說：「我覺得背後有點涼涼的，我們起來走走吧！」甲學長就說好，兩個人就在彈藥庫前稍微走動。

當甲學長下哨之後，就跟班長說他看到不好的東西，班長就說怎麼了？甲學長回說當時他們在聊天，轉頭看乙時，有看到一個女生從兩人中間探頭，乙還說他的背後涼涼的。

甲回寢室後沒有睡覺，等乙下哨。過了一小時後，乙下哨。甲就對乙說，你知道我們剛才聊天的時候發生什麼事嗎？我轉頭看你時，看到有女生的頭從我們中間探出來，當時你還說背後涼涼的。於是甲和乙兩個人都覺得毛毛的，不敢睡覺一直等到天亮。

File 07

兵舍三樓有水聲

報導人：陳先生
採訪時間：二〇一一年八月中旬
採訪地點：台南市臨水夫人廟附近
採訪記錄：李茂志

陳先生說他聽到的另一則故事：在台南小東路的營區裡有一棟舊兵舍，這棟兵舍裡沒有住很多兵，所以三樓是關閉的，水電源也都切掉。有一次一位巡邏的哨兵巡到三樓時，聽到公共衛浴內有水聲，於是就很慌張地衝出來。那個哨兵說明明就斷水了，怎麼還會有水聲？搞不好有不乾淨的東西在作怪。

這件事情讓連長知道後，連長不信就晚上自己去看。結果連長上去沒多久，也是慌張地衝了下來，連長說三樓的公共衛浴真的有水聲。後來經過詢問才知道浴室曾有人自殺，所以才會有怪事發生。

File 08

同袍看到鬼，連帶他也被鬼壓床

報導人：簡先生
採訪時間：二〇一一年八月中旬
採訪地點：台南市新市區
採訪記錄：李茂志

簡先生是我大學暑期在台南的塑膠工廠打工時，指導我的模具師傅。這次回台南與友人一起去找他聊天，他說了一些當兵時的鬼故事。

簡先生曾在桃園內壢的「聯勤通信電子器材基地勤務場翻修工廠」營區當兵，有天晚上他同袍弟兄去站哨，看到一個兩、三層樓高的人從哨站前方的樹叢走過。隔天同袍跟他說昨天晚上有看到不好的東西，巧合的是當晚他被鬼壓床動彈不得。

File 09

福利社前的銅像晚上會練刺槍術

報導人：簡先生
採訪時間：二〇一一年八月中旬
採訪地點：台南市新市區
採訪記錄：李茂志

簡先生說桃園內壢營區福利社前有一座銅像，是一個人拿步槍衝刺，一個人拿旗子。他有一晚和一位同袍一起站哨，那位同袍看得到無形的東西，就跟他說福利社前的銅像在練刺槍術。簡先生說一般人晚上看到的銅像，都是白天原本的樣子，可是那位同袍看到的是在練刺槍術。

File 10

部隊裡面的鬼會踢正步

報導人：吳先生（計程車司機）
採訪時間：二〇一一年十一月中旬
採訪地點：南港往大龍峒保安宮途中
採訪記錄：林美容

吳先生是高雄旗山人，現住南港，一九七八年搬來台北，開計程車二十八年了。他說旗尾的老家以前開雜貨店，常常有人到他家坐坐聊天，曾聽過屏東來的人說，附近有部隊的地方，常常晚上會聽到好像一整排的人在踢正步，直到吹軍號的聲音響了，踢正步的聲音才會停止，意思是說部隊裡的鬼魂也會踢正步。

File 11

被害新兵，一直開廁所的門要找凶手

報導人：劉同學（輔大宗教所碩士）
採訪時間：二〇一二年二月下旬
採訪地點：中研院民族所
採訪者：林美容
記錄者：劉軒維

在宜蘭金六結某軍營某連中廁所傳出，午夜十二點廁所的門會全部打開關不起來，剛開始我也不相信，但是後來在新兵訓練時真的遇到。那天我因為剛入伍不習慣部隊作息加上夏天炎熱睡不著覺，趁著半夜去上廁所，剛去上廁所的時候沒想那麼多，在午夜十二點去，認為廁所門沒關也無所謂，可是越來越覺得怪，直到看到有一雙透明的手，拉住門讓它關不起來。事後詢問班長，原來在十幾年前，有位新兵被資深弟兄半夜叫過去廁所欺負，結果這位新進弟兄就被害死了。自此之後這個營的廁所在午夜十二點會同時開啟，據說是被害死的弟兄在找尋當初欺負他的人。

File 12

過世的老士官長來巡房

報導人：劉同學（輔大宗教所碩士）
採訪時間：二〇一二年二月下旬
採訪地點：中研院民族所
採訪者：林美容
記錄者：劉軒維

同為宜蘭金六結軍營發生的事情，半夜會有亡故老士官長幫新進弟兄塞蚊帳。曾有弟兄半夜感覺有人幫他塞蚊帳，但是只看到黑影沒看到臉，更奇怪的是只有睡這張床的人才看得到。事後詢問資深志願役班長，才說到有位已逝的老士官長生前很關心新進弟兄，退伍之後依舊掛念部隊的事情，直到過世。

File 13

松園別館是鬼屋

報導人：某女士
採訪時間：二〇一二年三月上旬
採訪地點：花蓮火車站後站附近
採訪記錄：林美容

差不多下午一點到達花蓮，兩點半才上課，就在後站小吃攤吃午餐，吃完的時候，就跟老闆閒聊，我說先前跟他採訪過北濱有關魔神仔的事情，他說北濱的松園別館是鬼屋。旁邊有一位女士，大概是老闆夫婦的朋友，說她以前在松園別館工作過。那是兩、三年前或是三、四年前的事，有一天她上班的時候，大白天，她微微靠在牆上，突然看到旁邊的柴門（木門）無端亂撞亂搖，那時也沒有地震，不知道何以會如此。她如今已離職，她說松園別館在日治時期是陸軍軍部的所在，現在很熱鬧，已經沒什麼事。

File 14
體質敏感的同袍會說哪裡不要靠近

報導人：吳先生（計程車司機）
採訪時間：二〇一一年七月下旬
採訪地點：南港到松山火車站途中
採訪記錄：林美容

一上車我先問有沒有坐過他的車，他說不記得，我說有沒有問過你有關魔神仔的事，他就說有。原來是先前不久曾坐過他的車，但是相關的紀錄沒記下來，也記得不甚清楚，因此就再講了一遍。

他是雲林北港附近的人，家裡不靠海，十幾年前從部隊退伍，當兵時是在左營的海軍軍港，同袍中有一個人體質比較敏感，會告訴他部隊中哪個角落，什麼地方，不要靠近比較好，通常這些地方都是比較偏僻，大家比較不常去的地方像是草埔，或是庫房之類比較陰暗的地方。他說以前舊兵營有在養畜牲，像是豬或是羊，養大了就會殺來賣，這些地方比較骯髒，容易有東西出沒。

那位同袍又跟他們說，如果真的看到東西，也不要理祂們，撞到也沒有關係，祂們會自己閃。但你如果故意閃躲，祂就知道你看得見，會來找你幫忙或找你麻煩。

他說那位同袍平常放假時都有在幫忙出陣頭，是台南新營人。一九九五年退伍，已經十多年沒有聯絡了，當時是當兩年兵，新訓後下部隊，他跟那位同袍一起生活了一年八個月。

他說如果要多瞭解一些有關魔神仔的事情，可以去一些廟宇或是道場走走，有些體質比較敏感的人就會說，但是有些人不會說，因為說出來有好有壞。有些人看到不說當作不知道，有些人看到會跟你提醒一些事情。但是，說出來可能要承擔因果之類的。

他對這種事情是寧可信其有，平時他也會在一些廟宇幫忙，主要是南港山上的一間祖師廟，大概是新北市汐碇路那裡，還有松山媽祖廟也會去幫忙。

File 15

在成功嶺半夜看到白衣女鬼

報導人：林先生
採訪時間：二〇一八年二月中旬
採訪地點：新北市汐止區
採訪記錄：林美容

林先生他二十歲左右在成功嶺當教育班長，也算是預官，但是沒有受訓那種，睡覺的地方四個角落都安排班長睡在那兒。有一次半夜他看到有白色的東西在半空中，一開始以為是日光燈，後來仔細看，是一個穿白衣的女的，沒有腳，飄在半空中。過了一會兒再看，還是在那兒。

File 16

龜山島連長破口罵鬼

報導人：林先生（約六十歲，中山大道院創辦人的二女婿）
採訪時間：二〇一九年八月中旬
採訪地點：宜蘭縣三星鄉
採訪記錄：林美容

林先生聊天講了一些他在龜山島當連長的手下人事官，大約一九八〇年發生的事情。

他說衛兵交換的時候，常常會有交了班的衛兵，不知怎麼就找不到人。也有當兵的住在碉堡一樣的房子裡，窗戶開在很高的地方，一般照理是不可能在窗外看到人，但是有人睡覺時，會看到窗戶有人頭，看到的人都嚇死了。他說常常部隊鬧鬼鬧得凶，有時連長（有官階的）就出來破口大罵，然後真的那晚就比較安靜，大家比較好睡，但是也有連長給這樣的事搞到神經衰弱。

【新聞事件】

保總大隊長公開大湳營區神秘故事

事件時間：二〇一七年六月、二〇二五年四月／事件地點：桃園／資料參考：《新頭殼》、Threads

保一總隊大湳營區位在桃園市八德區，腹地廣大，從前曾經傳出靈異事件。自認原本很「鐵齒」的大隊長蘇天從親撰靈異故事，揭開大湳營區的神秘面紗：

營區司令台對面樹林的戰鬥教練場，有間磚造小屋，內放六個骨灰罈，因為年代久遠，無法追究。警務佐潘進順在某年清明節後午睡時，夢見穿著唐裝的五男一女前來告訴他屋頂損壞，請求修繕。當他詢問對方是誰時，彷彿感覺有人站在司令台上，此時，他的視野跳脫時空，飛越田野，落在樹林裡的那間小屋，於是答應幫忙修理。

待潘進順醒來，前往查看，發現小屋旁的樟樹不停生長，使得小屋隆起傾斜，從縫隙中看到有一個骨灰罈蓋破掉。當時他被其他事情耽擱，沒有立刻處理。

端午節後，五男一女又來託夢，質疑他沒有實踐承諾。直至潘進順打開小屋後，發現有一個骨灰罈蓋已經摔碎在地上，另一個連罈身都破裂，骨灰外滲。

在中元節前，潘進順為骨灰罈重建的新房終於完工，並舉辦普度。當晚有位小隊長抨擊這是迷信的行為，話一說完，酷暑下竟吹起一股寒風。

到了半夜，小隊長睡夢中呼吸急促、發出囈語，掐住自己的脖子在床上打滾，狂叫著：「你們不要壓住我的脖子，我沒有辦法呼吸了。」眾人見狀，請救護車載送就醫，途中他又喊著：「車上怎麼還有其他六個人？」到了聖保祿醫院急診室，小隊長發狂地說：「地下室來了六個朋友，我要下去看他們。」

最後醫生診斷為「過度換氣引發失神昏厥」。

＊＊＊

二〇一七年保一總隊撤出後，此地便規劃為生態園區，直到二〇二三年全面開放為大湳生態公園，綠意之中已不見營區的模樣。不過，二〇二五年四月在新興社群平台 Threads，仍可見網友分享，半夜騎腳踏車經過時，聽到女鬼在嘻笑的聲音。

Q 鬼容易出沒的地方？

A 鬼仔古之所以能在台灣長久流傳，不只因為故事本身的陰翳沉鬱，更因為它們深植於我們生活的地景與文化記憶中。老屋和老城，經過歲月的沖蝕，累積無數生老病死與悲歡離合，自然也留下了許多難以解釋的現象。包括：

◆醫院，每天上演生命的誕生與死亡，據說許多人在此有過超自然體驗。

◆學校，建校初期需要大量空地，經常挑選公墓或亂葬崗等廉價地段當校地；此外，學生放學後，校園就空無一人、靜寂無聲，傳說不脛自走。

◆部隊，往往位在偏僻荒涼之地，戒嚴時期神秘的軍營訓練，非正常死亡的案件發生後，也常不得真相。

◆旅館，異鄉人暫住之處，聚集各種能量；房客流動，房號改換，有些東西卻不曾離開。世界各地的旅館，總有鬧鬼房間被悄悄封上。

◆墓地，不論是公墓或靈骨塔，皆為亡者安息之所，也是鬼魂的歸屬所在。路過請輕聲細語、別亂拍照，是台灣人共同的默契。

◆博物館，長期保存大量古物、骨骸、神像，尤其來自異地、戰場或墓穴的展品，據說容易「帶來東西」。工作人員流傳：「有些展示間晚上不能靠近。」

Q 鬼容易出沒的時間？

A 鬼的出沒時間，與民間的陰陽二元觀念密不可分。鬼屬陰，多半在日落後出沒，直至日出陽盛之時。因此，鬼基本上是蟄伏的。雖然鬼仔古發生時間多半在三更半夜、農曆七月、治喪期間，田野調查中亦有少數受訪者曾在白天遇鬼。

時辰	現代時間	傳統陰陽觀	鬼話／禁忌說法
子時	23:00–01:00	陰氣最盛，鬼門微啟	睡眠淺者易見鬼、靈魂易「離體」
丑時	01:00–03:00	鬼門全開，陽氣未升	靈異現象最頻繁的時段，常傳出病房異動、撞鬼事件
寅時	03:00–05:00	陽氣初動，陰退未盡	鬼氣未散，仍需迴避
卯時	05:00–07:00	日升，陽氣逐漸充足	人神易醒，適合誦經、晨課
辰時～申時	07:00–17:00	陽旺之時	陽盛鬼避，白天靈異傳聞較少
酉時	17:00–19:00	陰陽交會	不宜探病
戌時	19:00–21:00	陰氣開始加重	勿在廟前逗留、拍照，容易「跟回家」
亥時	21:00–23:00	鬼門再次震動	勿亂看鏡子或玩招魂遊戲（如碟仙等）

Q 拔腳毛惹禍上身？

A 台灣民俗雖未明文禁止「拔腳毛」，但有一個流傳甚廣的俗信說法：「一根腳毛抵三個鬼，拔太多小心惹祂上身。」將腳毛多視為身體強壯的象徵，陽氣重可以抵抗陰靈侵襲，因此拔腳毛會降低自身「保護力」。

Q 執行特定動作會招鬼？

A 民間傳說，倒立或向前彎腰時，透過兩腿間容易連結另一個世界的通道，此時若剛好感應到有鬼的存在，最好立刻停止動作；另外，半夜在鏡子前梳頭髮或在室內開傘，都是聚集陰氣的行為。

Q 鬼真的無所不能嗎？

A 討論到鬼的能耐，有一個很微妙的現象：當我們身為人的時候，或許因為受困於肉身軀體，所知所能有限；死而為鬼，化作靈體後，彷彿瞬間擁有超級能量一般，能夠往返陰陽，變得全知全能，特別是以託夢、預兆、幻象等方式，與人間展開靈性溝通。因此，有些人可以從遇鬼經驗中接獲未知的訊息。

Chapter 5 飯店

邊間不要住、不要亂說話，進房前要先敲門、進房後先沖馬桶，床底有貼符馬上換房間，每個人都有一套住飯店的禁忌與儀式。面對未知空間的緊張，移動後的疲憊，一間間密閉空間裡有各自的故事，游移的不只是人，還有魂。

畢業旅行最後一晚，他們一夥好友在飯店內床上合照，回家才知道，跟著他們一夥三天、坐在中間那個開心果，因車禍在畢旅前一天過世的消息。

File 01

夜宿高雄的飯店，半夜遇到中年女鬼抓下體

報導人：翁先生
採訪時間：二〇〇九年一月上旬
採訪地點：台東翁家
採訪記錄：林美容

翁先生說的故事是，他在二十多歲時，夜宿高雄飯店發生的往事。那天晚上他住進飯店，睡到半夜突然有一個中年女鬼抓他的下體，他痛得跳起來，還看到女鬼恐怖的側臉。之後翁先生緊閉眼睛想睡覺，卻一直聽到腳步聲，嚇得根本無法入眠。原來那天的子夜就是農曆七月初一。翁先生本來打算在那間飯店住兩個晚上，隔天一早就要求換房間，飯店也立刻應允更換，可見飯店本來就知道那個房間有問題。不過當時也是沒辦法，翁先生入住時，飯店已經沒有其他空房。

File 02

窗外的小男孩

報導人：王小姐
採訪時間：二〇一七年七月中旬
採訪地點：台北市中山區
採訪記錄：楊佩穎

詢問是否有人遇過靈異體驗時，王小姐隨即表示她有多次的撞鬼經驗。

其中一次是國三上學期開學不久的畢業旅行，全校到了杉林溪住宿，睡的是六人房；和王小姐同住的有兩位較不熟的「小太妹二人組」，一進門就占了最靠窗的兩張床。

王小姐她們當時很聽話地又敲門又沖水，接著在房間聊天，等著吃晚餐，在這段期間，小太妹二人組睡著了，後來其他四人就先去吃飯；那兩人拖拖拉拉、過了滿久，才出現在餐廳，被老師罵得直到飯後的活動時間，臉色都不是很好看。

睡前的自由活動時間，大家都在其他房間串門子，那兩個女生一直到快十點要熄燈了都沒回來；約十點，點名時那兩個女生才臭臉出現，但是點完名、洗完澡，她們又出去（後來才知道她們那天睡在男生房間）。

接著王小姐在等洗澡時，有一段時間只有她跟另一個同學在（一個在洗澡，一個不知道去哪裡），當時沒有手機可以滑，所以另一個同學在看漫畫；王小姐靠牆發呆，望向掛著紗狀窗簾的窗戶。

突然，看見有個大概小學低年級的原住民小男孩，站在窗外，看到王小姐望向他，就跑走了。王小姐當下沒有什麼反應，洗完澡就去睡覺，一夜無事。

隔天她們發現兩個女生離開後真的整夜都沒回來，大家開始討論，可是一大清早的，大家的口氣不知道為什麼很臭，王小姐就去開窗通風；這時才發現，她們住的是二樓，沒有陽台，窗外就是河床，距離溪谷大約五層樓高吧，根本不可能有人站在窗外，即便要爬也不可能。

這時她才覺得害怕地跟同學說，趕緊到樓下集合，走到樓梯時遇到一夜未歸的小太妹二人組，兩人問：「有沒有覺得奇怪的地方？」原來她們活動時臭臉不是因為被老師罵，而是看到那個小男生，而且當時她們想說是附近的小孩，馬上想過去打招呼，立刻就發現窗外是溪谷。（小男生也是馬上跑走。）

後來據說很多人都有看到那小男生，一樣一接近就跑走，但他似乎沒有惡意，都是在窗戶外看看而已。

倒是那棟飯店，在之後因溪水暴漲而被沖毀了。

File 03

夜宿小旅館，不舒服一整夜，半夜還有小孩吵鬧聲

報導人：張同學（慈濟大學英美系）
採訪時間：二〇一八年四月下旬
採訪地點：慈濟大學
採訪記錄：報導人整理

當時我被抽中要代表高中去台中市參加英語話劇比賽，四女三男一群人浩浩蕩蕩坐一台小巴。畢竟經費有限，下榻一間三星級的小型飯店，這間小型飯店就位在台中市後車站（現在的主要火車站）後面的一條小巷裡。當天出門時，我的狀況其實還好，直到抵達那間飯店時，飯店剛好在抽水肥，我不小心忘記閉氣就聞到了，我只聞到一點點，可是身體就立刻有反應，戲劇性地開始拉肚子，而且我一住進去身體就很不舒服，晚餐稍微離開飯店吃飯，還是一樣不舒服、食不下嚥。

當晚，練習完第二天比賽的項目之後，我們三位男生就回到「五」樓的房間準備要休息，在進門的時候，理所當然地敲門說：不好意思打擾了。進房後發現，這個房間雖然床是乾淨的，可是不知道為什麼地板上的灰塵挺多的，牆角都有蜘蛛網，天花板跟各個角落許多年久失修的鏽跡，當時我們入住時，我個人可能是因為身體不適，因此我進到飯店就直接躺上床休息。可是我的同學卻表情僵硬，他們像有覺得這房間有點問題，可是又故作鎮定，他們還因為這樣兩個人一起洗澡，坦誠相見。輪到我洗澡的時候，同學擅自跑到女生房間去睡，甚至沒有知會我一聲，我當時也沒想這麼多。

大概到了半夜，我在半夢半醒之間，聽到走廊有一個聲音吵得我睡不著，就很像是七八歲的小孩子跑來跑去在玩，這個聲音不斷從走廊頭跑到走廊尾，奇怪的是這聲音單向的。我當時一直覺得很吵，所以我就想說用貓眼來偷偷看是哪家的小孩子在玩。我算準當聲音開始由遠方發出時，我就盯著看，等到聲音經過門口，就可以看到是誰在搗蛋。可是當聲音經過門口時，我赫然發現走廊上一個人都沒有，什麼影子都沒有看到！我整個人都嚇傻了，但是身體實在太不舒服，所以決定繼續睡回去。第二天，我們一退房離開飯店，我的同學才告訴我，他那天進房就渾身不對勁，待得越久就越覺得怪，因此他們才跑去女生房間。我當天也有試探性問打掃阿姨，五樓有沒有其他房客，阿姨說整棟飯店就只有我們這兩間有住人，我的病也很戲劇性地一離開飯店就突然好了。

每到台中去找同學玩的時候，我都會不禁想起這間詭異的飯店。其實我覺得我算是幸運的，因為我在那間飯店時沒有遇到台灣民間傳說的「鬼壓床」。

【新聞事件】

台南「猛鬼飯店」流標十次！

事件時間：二〇二四年八月／事件地點：台南／資料參考：《民視新聞》、《東森新聞雲》

位於台南市北區的國賓商業大樓又有「猛鬼飯店」之稱，雖然淪為法拍，卻高達十次流標，如今進入第十一拍，竟出現勇者以四，七〇七萬元拍下其中的飯店「甲標」，令在地人相當驚訝。

「國賓商業大樓」曾是台南第一高樓，後因火災、墜樓等事件導致靈異傳聞不斷，以及知名都市傳說「消失的一四〇一房」，曾有女藝人分享遇過濕透的長髮女鬼狠瞪，也有另名曾住過的網友分享，他本身有陰陽眼，夜晚入睡時，玄關竟聚集越來越多好兄弟，還有一個女鬼抱著孩子，坐在床邊哄；他表示這間房間內的阿飄，不是跳樓就是上吊輕生，每個都凶得很，讓他嚇得不敢動彈。

Q 拍照禁忌多？

A 剛發明相機時，人們認為照相是一種攝魂法，把人的魂魄轉到底片和相紙上，因此衍生出許多拍照的忌諱。即使到了智慧型手機隨時自拍的年代，拍照禁忌依然不少，姑且聽之，例如：

◆與年代久遠的物件合影，諸如老樹、老屋、陵墓、歷史文物等，容易攝入鬼魂，尤其是午後三時起陰氣開始轉盛時，更需留意。

◆在高壓線或牆角邊拍照，容易犯煞。

◆在各種塔建築的正下方拍照，容易產生被壓制的感覺。

◆夜間拍照，避免拍入容易招陰的鏡子。

◆電梯或地下室是亡魂遊盪處，若需拍照應格外謹慎。

◆隧道和山洞被視為通向另一世界的接駁點，應盡量避免入鏡。

◆避免於靈堂、墓地、廟宇等處，以不敬的心態拍照。

◆如照片出現：人臉扭曲變形、紅眼等讓人不安的畫面，最好別保留。

Chapter 6
行車中

台灣現代化交通網四通八達，開車已是許多人的日常。台灣民俗中，祭路煞和行車安全有關，通常由村廟主持，在車禍頻傳的路段，舉辦超度法會以及驅邪化煞的相關儀式。用意在於安定人心，趨吉避凶，祈求合境平安。

小陳獨自跟著同系學長在北海岸騎機車狂飆了一夜回到宿舍後，同寢的學長問他，後座那個男生是剛轉來的？

File 01

騎機車輾過眼泛紅光的男子

報導人：王小姐
採訪時間：二〇一〇年七月下旬
採訪地點：澎湖
採訪記錄：賴衍璋

二〇一〇年七月底時我到澎湖旅行，同團的團員中有八位大學生，因為用餐時都是同一桌，於是我就向他們詢問有關魔神仔的傳說，其中二位有親身經歷。

王小姐，宜蘭人，住內湖，當時就讀德明科技大學三年級，在二〇〇九年的暑假期間，傍晚時分她與一位女同學在宜蘭壯圍騎車要回家的路上，她載著那位女同學經過一條鄉間小路，同學突然要她停車。停車後女同學說，剛才有一位中年男子眼睛泛著紅光躺在馬路上，你把他輾過去了，女同學說：我現在從腳麻到頭很不舒服，於是兩人就去永鎮海邊的一間廟裡拜拜，從那天開始王小姐就很不順，女同學也一直跟她說有一個男的跟在她後面。王小姐自己看不見女同學形容的那位男子，因為實在是太不順了，在相隔兩星期左右，她到台北行天宮與龍山寺拜拜，女同學告訴她那位男子有跟進龍山寺可是沒跟出來，之後就好很多了。

File 02

夢傢搭上三輪車

報導人：陳先生（計程車司機）
採訪時間：二〇一〇年八月上旬
採訪地點：南港到松山途中
採訪記錄：林美容

陳先生的父親是三輪車夫，三十八歲就過世，有時會講拖三輪車碰到的事。因為那時人很少，沒什麼路燈，有時候拖車會覺得車子變得很重，他父親就會知道是夢傢來了，對祂說，車子給祢坐沒關係，但是等一下如果有人要上車，就請避開。我問他夢傢是不是魔神仔，他說是同一類啦。

File 03

鐵齒的計程車司機，突然看到樹頭上有白影

報導人：某男性計程車司機（姓名不詳）
採訪時間：二〇一〇年八月上旬
採訪地點：松山到南港途中
採訪記錄：林美容

在松山車站一出站就坐計程車回辦公室，車程中問司機有關魔神仔的事，

他也不避諱，侃侃而談。他說有看過電視報導，有一些沒有辦法理解、科學也沒辦法全然解釋的事情。他說有一次他開車疾馳而過，突然看到樹頭上有白影，他還不信邪，開車回去看，也沒看到什麼。他是那種比較鐵齒的人，不過他說以他的經驗，肚子很餓的時候，好像比較會看到什麼。

File 04

貨車夜行被魔神仔揹胸坎

報導人：黃先生
採訪時間：二〇一〇年九月下旬
採訪地點：花蓮市
採訪記錄：翁純敏

三十多年前，家裡從事貨運的生意，年輕的我經常必須兼任司機及搬貨員。當年的蘇花公路及北宜公路都只有單向通車，從花蓮開到台北大約需要七、八個鐘頭，為了省去等候通車放行的時間，我們經常開夜車。

記得那時我大概三十出頭，那一天跟平常一樣，大概傍晚由花蓮載貨出發，車上另外帶著兩個助手，開到坪林已經半夜二、三點，因為長途開車，又是半夜，兩個助手早已搖頭晃腦呼呼大睡，我自己也睏極了。貨車開到坪林派出所前，正好有支電線桿，架著一盞路燈，可以讓來車看到，比較安全，於是疲累不堪的我就趴在方向盤上小睡一下。

也不知道睡了多久，突然胸口緊得無法喘氣，好像有東西壓迫，又好像被什麼抓住呼吸道，我想睜開眼睛卻無論如何也睜不開，我奮力掙扎，想把壓在胸口的東西推走，一會兒終於醒過來了，全身因為掙扎使力流了一身汗，上衣都濕透了。驚魂甫定之餘，看看兩個助手居然還睡得不醒人事，把他們叫起來問有沒有怪事發生？他們都說沒有。

那根電線桿現在還在，不過後來我再也不敢在那裡休息了。

送完貨回來花蓮後，我跟老一輩的司機提起這件事，他們異口同聲地說：「是被魔神仔揞（teh，壓擠之意）胸坎啦！」隨後又教我說，下次遇到類似的事情，要趕緊念：「南無阿彌陀佛！南無阿彌陀佛！南無阿彌陀佛！」三聲佛號就可解危了。

File 05

車禍與先前路樹有人上吊有關

報導人：郭先生（計程車司機）
採訪時間：二〇一一年七月中旬
採訪地點：桃園火車站到大德一街途中
採訪記錄：林美容

上車的時候先問司機是否為桃園人，他說是高雄內惟人，十九歲開始開計程車，在桃園住了四十幾年。問他魔神仔的事情，他說以前比較常聽說，現在人口比較多了，這種事就漸漸沒有了。他說桃園以前人口很少，房子很少，墳墓很多，同安街以前兩旁很多墳墓，我們車程中經過的大興路，那時墳墓也都是一大片，開車經過心裡都會毛毛的。曾有年紀大的乘客，告訴他開車開到哪裡要小心之類，他是半信半疑，但也不敢鐵齒。接著他就說了一個自己親身經歷的事情，他說因為有經歷這樣的事情，才不敢鐵齒。

他十九歲那一年，有一次開車往大園的方向，不知道為什麼原因（他有說但是我忘記了），他開門下車，結果就被後面來的機車撞上了，乘客把他送去醫院，昏迷了三天三夜，一醒來也不知道自己發生車禍，乘客才告訴他事件經過。後來有人告訴他，他發生車禍的地點，路旁的一棵樹，先前有人上吊自殺身亡，他也不知道是男還是女，事情發生多久。

他說現在人口多了，燈光多了，陽氣旺了，所以這種事已經很少發生。

File 06

在回程中迷失方向

報導人：李茂志（慈濟大學宗教所研究生）
採訪時間：二〇一〇年十一月下旬
採訪地點：花蓮市
採訪記錄：林美容

茂志說這是他父母在二〇〇〇年九月初告訴他的事。

茂志的弟弟在屏東大仁科大讀書，發生一些事，所以他父母騎機車前往探視。傍晚回程的時候有用衛星導航確認路線，因為騎機車所以設定不上高速公路，走的是屏東長治的鄉道，原本的路線應該是由長治、鹽埔、田寮、旗山再往高雄鳳山回台南，但是導航系統一直顯示在高速公路上。車子騎來騎去都騎到原點，找不到路（大概是長治與鹽埔之間）。

結果就騎往田寮，沒想到越騎越深山，茂志媽媽有叫他爸爸要往回騎，他爸爸卻不知怎麼搞的，充耳不聞，當時就感覺像是給魔神仔牽去。後來有看到一座廟的牌樓（山門）的樣子，於是茂志媽媽就叫爸爸往回騎，騎到原點後再問加油站的人，指明道路後才出發。好不容易回到台南的家（當時已經是凌晨一點多）。

回家後，父母兩人都覺得怪怪的，老是覺得身上背後有蜘蛛網之類纏住。特別是他媽媽，夜裡睡不安穩，後來兩人用淨符淨身，才好一點，他媽媽大約五天之後才恢復正常。

茂志說他媽媽當天中午要出門前，就有一種會找不到路回家的預感，在山上迷路時叫爸爸往回騎都沒有回應，就一直往前騎。媽媽說還好平常都有念佛做善事，不然可能真的會迷在山中出不來，之後不敢太晚回家。

茂志他爸爸說，在阿蓮鄉來回都有經過一間喪家在辦喪事。關於導航，可能就是機器或衛星定位錯誤導致的，因為部分的鄉道就在高速公路高架橋下。

File 07

北宜公路鬼遮眼

報導人：陳先生
採訪時間：二〇一一年八月上旬
採訪地點：台南市臨水夫人廟附近
採訪記錄：李茂志

陳先生轉述他朋友的朋友發生的事，當時他們晚上開車從台北走北宜公路往宜蘭，車上包含駕駛共有四個人，除了駕駛還醒著，其他三個人都睡著了。開著開著，車子開進了一個隧道，開進去之後過了一段時間，駕駛覺得很奇怪怎麼遲遲沒有出隧道，而且路還很直，山路不都是彎來彎去的嗎？他越開越想睡，看到車上其他三個人都在睡覺，於是決定將車子停到路邊休息。

隔天早上醒來時，駕駛發現車子的前面就是一個大彎，如果昨天沒有停車休息的話，就會開到山崖下去。駕駛認為昨天不是被鬼遮眼就是被魔神仔牽去了。

File 08

觀音山上阿婆夜晚叫車

報導人：翁先生（計程車司機）
採訪時間：二〇一一年十二月中旬
採訪地點：南港到大龍峒保安宮途中
採訪記錄：林美容

大約一九九〇年代前半，翁先生時年三十九歲，有一次開車開到觀音山，已經晚上七點多了，路上一位老阿婆叫車，上了車以後，車子越開路越小。他問阿婆真的往這裡嗎？阿婆說是要更裡面一點，一直開，開到兩旁都是墳墓，他又問阿婆說這裡是夜總會，你真的住這裡嗎？阿婆說是，還要再往裡，結果一直開到一個有小屋的地方，她下車了，而且付了錢。翁先生很害怕，怕明天就變成銀紙，道路很小，車子根本沒辦法迴轉，只好將車子打倒退檔，慢慢開出來，這件事讓他嚇得半死。

我問他後來阿婆付的錢有變成銀紙，他說：還好，沒有。

File 09

九彎十八拐，半夜攔車車資變銀紙

報導人：江先生（計程車司機）
採訪時間：二〇一二年十二月中旬
採訪地點：研究院路到民生東路途中
採訪記錄：林美容

江先生五十二歲退休，先前是做機械組合，主要服務於台南科學園區的廠房。他老家在台南安定，遷居基隆已七年，開計程車也已七年，常聽老輩司機說坪林到宜蘭的縱貫路，中間有一段路九彎十八拐，這個路段常有人半夜攔車，說要坐車，下車後付錢，之後看都變成銀紙。因為江姓司機都是跑清晨的車，因此沒遇過這種事。不過，他相信魔神仔是一定有的，有神就會有魔神仔這樣的事。

File 10

牽犁仔甲鬼撞牆

報導人：羅先生（計程車司機）
採訪時間：二〇一二年三月上旬
採訪地點：南港火車站到中研院途中
採訪記錄：林美容

羅先生小時候在汐止長大，他說那時候聽說有人踏著一輛犁仔甲（三輪貨車）開在路上，不管怎麼繞都繞不出來，這種鬼撞牆的現象，也許是當事人意識不清楚所致。

File 11

轉彎處看到老阿婆招手，回頭後發生車禍

報導人：江先生
採訪時間：二〇一二年三月中旬
採訪地點：桃園市大溪區
採訪記錄：嚴翰迪

去桃園大溪採訪「哪德聖轎班會」團長江先生，除了跟他談有關陣頭，他也分享幾則自己聽到或經歷過關於「魔神仔」或「鬼」的故事。以下是用他的語氣敘述：

在七年前的某一天我要去上班時，以前我習慣騎機車都是戴「西瓜皮帽」，那天心血來潮戴了「全罩式安全帽」。我中午出去吃飯，騎到轉彎處，看到黑影，好像一個老阿婆，她在對我招手，像是在跟我打招呼。我本來沒理她，但後來想說這樣不禮貌，當我一回頭時，機車就撞上路邊停車的後車廂。那次車禍非常嚴重，我的左腳膝蓋粉碎性骨折，全罩式安全帽全毀，也賠了車主兩萬多塊；我的機車也全毀，原本花五萬塊買的，賣出去時只剩三千多塊，我心裡很不是滋味。還有醫藥費，也讓我很心痛。

車禍受傷後我去住院，這段期間我媽也有去拜我們家太子爺（哪德聖轎班會所供奉的主神，目前暫放於大溪開漳聖王廟後殿的媽祖殿中），跟神明稟告有這件事，我也跟神明講說如果祢保佑讓我身體好起來的話，我願意永遠為祢服務。後來腳也好了，我就一直為神明服務。

File 12

學生無端出車禍，道士點燈救命

報導人：劉先生（道士）
採訪時間：二〇一二年三月中旬
採訪地點：花蓮縣吉安鄉
採訪記錄：李林進旺

幾年前，花蓮東華大學一位學生在夜晚十二點多，騎機車去東華大學前門（近吳全城那邊的門）的7—11買東西，買完以後，他既沒喝酒也沒怎麼樣，騎車轉彎莫名其妙撞到學校圍牆邊的行道樹，結果頭骨碎裂，差點死掉。一開始送去醫院，醫生也說「無效」了，他父母從外縣市趕來花蓮照顧兒子，經人介紹，到我這邊求助，我瞭解之後，知道他魂魄散了，叫他父母在神前擲筊請神同意做主，我則幫他兒子點燈，並看顧那盞燈，使之不熄滅，看顧到他脫離險境出院。

File 13

子時的笑聲

報導人：曾先生（約三十歲）
採訪時間：二〇二五年五月下旬
採訪地點：通訊軟體
採訪記錄：報導人整理

在我高中的時候，大約二〇一〇年，那時高雄的城市重心還在南邊，北端包括現在熱鬧的巨蛋商圈都還沒繁盛，我通常騎著家裡的小綿羊機車移動。那晚，走在返家的路上，民族路往北，必然會經過往交流道大中路的交叉口。往北是楠梓跟仁武，那裡都是工業區，在這條往工業區的道路（民族路），除了上、下班時間的車水馬龍，不會有太多人煙。大概晚間十一點，我騎在慢車道，因為紅燈就停在民族路與大中路的十字路口，印象所及，左側旁邊的三、四台機車都沒有載人，沿路經過的右側商家也都已打烊。

我突然聽到一個從腦後傳來的小女孩笑聲：「ㄏㄧㄏㄧㄏㄧㄏㄧㄏㄧㄏㄧ……」，馬上讓我起了全身的寒毛與疙瘩，我隨即往左也往右看，如同上述，除了機車騎士以外沒有其他人，也很難想像那個時間在那個地方還有孩子在路邊玩耍。當然，機車騎士跟商家的印象，或許也是在這個聲音之後才建立的，時間久遠，難以確切記得順序。然而，正因為有這觀望的確認，讓我更加確定聲音不是來自左也不是來自右，而是來自正後方，而且就在腦後，因為那個聲音實在是太近了，如同現在的音響設備所說的環繞感一般。

那晚，回家打電話給那時的朋友講這件事，因為實在害怕得不得了。不過當天並沒有什麼後續。原先以為這個事情就這樣，過了幾個月，有次跟朋友約在速食餐廳聊天時，把這件事當作獵奇的趣聞拿出來說，接著我從胸前拿出那時掛著的紅色平安符說：「還好我有掛這個」，平時都掛著的平安符，在我拿出來的當下，結就鬆了，兩條繩子垂掛在空中。

故事結束，其後，再也沒有任何的類似體驗。

【新聞事件】

靈異隧道？高雄過港隧道「兩小時騎不出」

事件時間：二〇一八年六月／事件地點：高雄／資料參考：《東森新聞雲》

過港隧道是台灣第一座海底隧道，也是唯一的水底公路隧道，全長不到兩公里，但在部分高雄人眼中，卻充滿靈異傳說。多年前就曾流傳一段故事，一群好友騎檔車夜遊，在半夜四點半經過港隧道時，突然發現某位朋友落單，大夥等了數十分後仍不見人影，因此決定折返找人，就在大家終於和那位友人相遇時，他臉色凝重地表示「等等再講，先出隧道」，直到出隧道後，才說出讓眾人全嚇壞的話。

那位落單的友人緩緩說道，「剛剛我騎在你們後面，因為我速度比較慢有點跟不上，我跟上去時就看到你們全部停在前面，我想可能要休息所以沒多問，但是等太久了，我就向你們喊，不過怎麼喊你們也都沒反應。我感覺不太妙就趕快騎走，沒多久就遇到你們了。」此話一出，讓其他人瞬間狂起雞皮疙瘩，不禁懷疑剛剛第一次遇到的「朋友」，真的是人嗎？而落單友人也嚇傻大呼，「要是當時沒有感覺不妙，跟著他們在那等，很可能就被帶走了。」

Q 何謂五路煞？

A 煞不是具體的東西，而是一股無聲無息的陰邪之氣；所謂五路，指通往東、南、西、北、中五個方向之路。所以五路煞的觀念是跟方位有關。

台灣早期移墾社會到處充斥著危險，番殺匪劫、瘴癘邪煞，民眾莫不祈求行路在外能平安順利。（煞是很早就有的觀念，不是只跟台灣有關。）

路神信仰又可溯源於古代的「五祀」，即祭門（門神）、戶（窗神）、中霤（地基主）、灶（灶神）、行（路神）。路神，俗稱「路頭」或「五路神」。因此有「出門五路皆可得財」之說。後來，各行各業都追求順利，路神演變為「五路財神」。

從農曆正月焚金燒銀、初五「接路頭」，新人嫁娶時在竹梢上吊「豬肉掛」、喪葬出殯撒金銀紙、路邊鎮煞的祭品齋碗，及小孩在路上跌倒後收驚沾食泥土等，都可意會路神信仰的源流與本質。

Q 送煞到哪裡去？

A 煞，是在民俗中非常重要的觀念，民眾普遍將煞視為不好的「惡氣」、「邪氣」，甚至看成是孤魂野鬼。因此，有煞就要送煞——將煞送到境外——是一種具有潔淨作用的驅邪儀式。

然而，自己的境外是他人的境內，就像自家公媽是別人家的鬼一樣，讓人避之唯恐不及。送煞在早期也經常引起紛爭，於是演變成以河、海等自然疆界為限。送煞儀式在台灣非常普遍，從暗訪、送火德、祭路煞，到常見的廟宇落成、入火安座或新屋入厝，皆屬送煞環節。有些傳統的祭改儀式也包含了送煞。

Q 祭路煞可以減少車禍發生？

A 每個人終其一生都有不同的「關卡」（稱作「關煞」），在民俗中，這是不同的邪煞威脅所致，因而人們尋求宗教儀式來袪除厄運，例如，常見的祭改儀式——祭是祭煞、改是改厄。其中，祭路煞和行車安全有關，通常是由村廟主持，在車禍頻傳的路段，舉辦超度法會以及驅邪化煞的相關儀式。用意在於安定人心，趨吉避凶，祈求合境平安；更重要的是，經由舉辦儀式，提醒用路人小心駕駛。

Chapter 7 墓仔埔的鬼

墓仔埔是人身最終歸處，與此相關的信仰則包括了土地公、城隍與地藏等，無一不展現了台灣人對已逝親屬的關懷，期盼祂們在另一個世界仍能受到照拂，過得順遂。

清明節那天，他跪在墓前祭拜，抬頭才發現墓碑上的照片竟是自己。

File 01

自強隧道口，墳墓群鬼

報導人：陳老闆娘
採訪時間：二〇一〇年七月下旬初訪、二〇一〇年八月上旬補訪
採訪地點：中研院附近餐廳
採訪記錄：林美容、賴衍璋

自強隧道口這個路段以前是一座小山崙，山崙上都是墳墓，山崙下的馬路一邊是墳墓一邊是稻田。老闆娘的父親出生於大正元年，五十八歲過世。他在世時每天早上踩三輪車出去賣塗炭（thôo-thuànn，煤球），有時晚上十一、二點才回家，常會看到一些無形的東西，回家也常會講給家人聽。老闆娘說，父親過去常看到一群孤魂，在墳墓邊蹲坐成一排，有時也會只有落單女子坐在隧道出口處，曾有夜歸的男子經過時，調戲坐在一旁的女子，這些男子後來都發生了不好的事，據傳說，坐在兩旁的那些男男女女都不是一般人。老闆娘以前有一個鄰居，也在墳墓邊看到一整排的鬼，那人很好色，就上前去摸了一個女鬼，戲弄祂。沒料到因此就病了，沒法醫好，斷氣前有所領悟，才透露他所做的事，解釋說這是他致病的原因，告誡子孫不可如此。

老闆娘的父親則告知，如果在路上看到鬼，不要驚惶，也不要往後退，要一直往前走，不要回頭，這樣就沒事了，不然就會被鬼捉住。

File 02

在墓仔埔找到人，道士遠端傳授催魂法救人

報導人：劉先生（道士）
採訪時間：二〇一二年三月中旬
採訪地點：花蓮縣吉安鄉
採訪記錄：李林進旺

前幾年某一次夏天，在屏東縣鹽埔鄉，那邊都是平地，有一位信徒的叔叔（時年約四十五歲）突然不見，家人都不知怎麼辦，於是打電話來花蓮問我，我在電話中問他叔叔幾點出門，推測他叔叔應該往哪個方位走，應該會在哪個方位找得到，告訴他們該去那個方位找人，那個方向剛好是當地墓仔埔。家人果然就在墓仔埔找到人，看到他叔叔趴在一座墳墓的墓龜（bōng-ku）上面，當時整個人軟趴趴的，趕緊送醫。醫生查不出毛病，但對家人說，這個人「無效」了，整家人當作要辦喪事了。

情急之下，家人又打電話過來問，我當時正在幫廟裡做法事，無法即時趕過去屏東；瞭解狀況後，知道他叔叔的魂被牽走，我就用小時候從老輩、鄉土法師（以前所謂的「紅頭仔」，出門赤腳，褲腳都反摺起來，遇到廟裡需要，就騎著腳踏車帶著鑼、鼓過去的那種）那邊聽來古早快失傳的一種催魂法，教他們如何把魂叫回來，方法是：把他叔叔的名字、生辰八字寫在一張黃紙，貼

在水瓢上，用這水瓢敲門框，叫一聲名字「某某某，緊轉來！」，敲一次，要擲一次筊，加起來總共要擲十二筊（不用連續），代表把他叔叔的十二元神叫回來，把魂叫回來後，還要幫他「安身魂」，即安三魂七魄，把那張寫有名字、八字的符撕下來，燒化後以水灌入當事人口中，經過這樣的法術，他叔叔就突然醒過來了。

File 03

新竹芎林第二公墓，紅綠火打架

報導人：邱女士
採訪時間：二〇一二年五月中旬
採訪地點：新北市新莊區
採訪記錄：嚴翰迪

和學姐邱女士聊了一陣之後，我問她在新竹（她是新竹的客家人）有沒有

什麼魔神仔的故事？她說有，而且很多。她說了一則她老公（時年四十一歲）小時候親身經歷的故事。

她老公幼年住的地方前面是墳墓，後面也是墳墓（即新竹芎林第二公墓），小時候他曾經在墓仔埔看到一團紅火和一團綠火在打架。學姐又解釋道，那團紅火是土地公，土地公會趕鬼，而那團綠火就是鬼，這是她先生的家人說的。

她的大伯也有很多這些故事，有空的話可以去採訪他。她的婆家是新竹芎林在地的百年老神壇，奉祀觀音，現在已經沒在辦事。她先生的阿祖會跳童，她的公公也會，但不願跳，她自己也有神佛授法的經歷，我想她應該也會通靈，但她自己也搞不清楚。她答應暑假有時間且她的公婆同意的話，她要帶我到她家採訪神佛授法和魔神仔的故事。

File 04

基隆鬼仔坑（六號碼頭附近）以前是亂葬崗

報導人：陳先生（計程車司機）
採訪時間：二〇二二年十二月中旬
採訪地點：南港到松山火車站途中
採訪記錄：林美容

陳先生說基隆大德國中附近山上有一個叫做鬼仔坑的地方，常發生一些靈異的事情。鬼仔坑靠近六號碼頭，以前開挖碼頭的時候，發現很多骨頭，應該是那裡以前有亂葬崗，但是挖到骨頭並沒有立祠祭祀，所以經常鬧鬼。

File 05

騎腳踏車在挖子尾墳墓前鬼打牆

報導人：吳先生（文化大學中文所碩士）
採訪時間：二〇二三年八月下旬
採訪地點：通訊軟體
採訪記錄：林美容

吳先生有一天從北投騎到台北港，又從台北港騎回渡船頭，在挖子尾保護區的一個家族墓前原地繞了二十分鐘左右。一開始是發現道路旁有一個家族墓，怎麼騎一騎，這個墓又出現，等到他第三次看到這個墓，才驚覺是在原地繞，他心裡毛了，便下車在墓前，右手用劍指，把雷木捐在劍指，朝右下方畫乾卦，破三下，把腳踏車掉頭，再騎了約五分鐘，終於回到步道騎到渡船頭。當時已黃昏，四周都沒人。一出來，他說雞皮疙瘩掉滿地，嚇得全身冒冷汗，之後再也不敢騎去八里。

File 06

寺院納骨塔裡溫馨的鬼故事

報導人：星空法師（雲林二崙鄉妙法精舍住持）
採訪時間：二〇一九年五月中旬
採訪地點：雲林縣二崙鄉
採訪記錄：林美容

星空法師曾在基隆大覺寺日常執事負責納骨塔的清潔工作，寺裡的納骨塔很多是早期第一代來台的外省出家眾，也有供俗家人安置骨灰甕和祖先牌位的地方，不過兩者放置的地方不同。

有一次他在日常清理工作中，看到一個骨灰甕前面的一張大照片，似乎面有表情。他說每日在那裡走來走去，從未有過，他就對著照片跟亡者說，阿彌陀佛，我知道祢有話想說，但祢要說什麼我不知道，請祢用祢的方式讓我知道。結果第二天有家屬來說要請出其祖先牌位，法師就到另一個納骨塔請出牌位，他問家屬請牌位要做什麼，家屬拿出一張小照片，說是要貼在公媽牌後面。他一看照片，是昨天那張大照片的縮小版，原來那位亡者是要跟他說，祂很高興，因為家人要來看祂，並且讓祂歸位到公媽牌。

File 07
掃墓掃到火燒山

報導人：蔡博士（東華大學博士）
採訪時間：二〇二四年三月下旬
採訪地點：台南市永康區
採訪記錄：林美容

蔡博士表示掃墓前跟他過世一兩年的母親擲筊都沒有允，但是他們還是出門掃墓，先到他亡母的納骨塔，再到公墓掃一個先人的墳墓時，他兒子本來要燒紙錢，因為墳墓後方是一大片竹林，墓前很多掉落的竹葉變乾，怕著火，就往前一點到接近路邊的地方，沒想到折了一些紙錢用火點燃放地上，馬上被風吹走，如此試了幾次都一樣，蔡博士立刻喊停。沒想到準備離開時，卻發現大火燒起來了，他們趕快打電話報警，警察來了，還說他們怎麼還沒走，警察說一般人都沒報案，人就走了；里長、地主都來了，結果一談原來認得他的長輩，就不追究他們賠償了。

蔡博士說，當他擲沒有筊的時候，應該是他母親的靈在警告他不要去了，紙錢一放地上就好像被什麼神秘的力量掃走，這應該是第二次警告。蔡博士兩年前喪母對他打擊很大，很是痛苦，他竹山的老家有設母親靈位，前有遺像，他在竹山時，每日清晨起來都會拜。

【新聞事件】

YouTuber突襲汐止墓園！攝影師疑撞鬼嚇傻

事件時間：二〇二三年六月／事件地點：新北市汐止區／資料參考：《三立新聞》

百萬訂閱的「含羞草日記」草爺，旗下台灣第一個以走訪名人墓園、說名人故事為主題的YouTube頻道，「看你老墓」邀請到有僵屍始祖稱號的港星錢小豪，前來擔任節目嘉賓，與眾人一起到汐止去尋找上海皇帝杜月笙的墓園。

草爺在杜月笙的墓前還發現有人帶檳榔來祭拜，沒想到一行人在祭拜的過程中，體質較為敏感的攝影師竟然在耳機裡，聽到上海話的「謝謝儂」，讓一行人留下深刻的印象。草爺相信冥冥之中自有安排，每次拍攝都會遇到很多難以解釋的事情，但都是很好的事情。

Q 為什麼土地公和鬼魂有關？

A 漢人社會有著共同祭拜天地神鬼的文化傳統，稱作「共神信仰」，其中最基本的是社祀，即土地公。俗話說：「田頭田尾土地公」，意指土地公廟到處可見。根據中研院文化資源地理資訊系統統計，二〇二一年，台灣就有二，〇七六間土地公廟。除了田間常見的田頭土地公，另有庄頭土地公、店頭土地公、山頭土地公、坑門土地公、橋頭土地公、墓頭土地公（又稱「后土」）等。我在《祭祀圈與地方社會》一書說：

「祂與眾神的差別在於其常駐人間，是真正在地的、屬於土地的神祇。」

民間相信，當人死後，會由土地公帶著亡魂到陰府，向城隍爺報到。「城隍爺是祂的直屬上司，墓旁或宗祠內祀有土地公，無論是守墓或帶路去陰間，皆與其陰神性格有關。」因此，在傳統喪葬禮俗中，當棺木下葬完畢，眾人需祭祀墓頭土地公，祈求祂從今往後對亡魂多多關照。

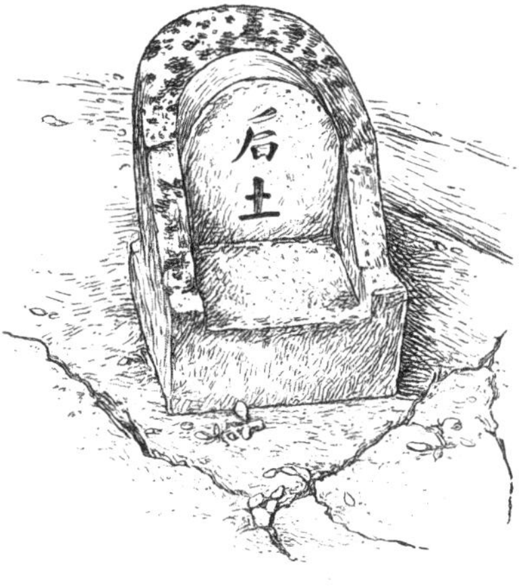

Q **城隍爺審陽又審陰？**

A 城隍，原為「城牆和護城河」之意，在民間信仰中是城池的守護神，後來演變為「日審陽，夜審陰」，兼管陰陽兩界。當人死後會由土地公引領亡魂向城隍爺報到。建廟於一七一五年的嘉義城隍廟，每年農曆七月結束後，請城隍爺起駕，遶境收伏逾期未歸的好兄弟，維護鄉里安寧。因此，城隍廟雖不祀孤魂，卻與鬼魂信仰相關。

Q **地藏王招鬼度魂？**

A 地藏王菩薩是「願門之主」，具有陰神化的性格，祂曾經立下悲誓宏願：「眾生度盡，方證菩提；地獄未空，誓不成佛。」

相較於觀音菩薩藉著升天、得道，在民間的祭祀顯得「正神化」；地藏王菩薩則廣設方便之門，教化眾生，成為冥界陰靈的守護神。舉凡喪事、清明掃墓、中元普度、超度法會期間，或在墓地、靈骨塔、事故頻傳的地方，民眾皆供奉地藏王菩薩，祈求祂保佑生人，超度亡靈。

Chapter 8

山裡面的鬼——非魔神仔

是紅衣小女孩，也是玉山黃色小飛俠，多山的台灣，人們卻對山充滿距離與恐懼。在田野調查中，有少數受訪者將「瘦瘦小小，會幻化，會作弄人的一種存在，其本質是山精水怪之屬」的魔神仔，與鬼相混淆，本章所收錄的都是山裡面的歹物仔（pháinn-mih-á）而非狹義的魔神仔（môo-sîn-á）。

他在山裡獨自過夜，隔天醒來時，帳篷外多了一雙冰冷的腳印，一直從森林深處走來，卻沒有離開的痕跡。

File 01

人凶，鬼也怕

報導人：周小姐
採訪時間：二〇一二年十二月下旬
故事採集地點：新北市萬里區富士古道
採訪記錄：王招貴

周小姐說，從小他們家孩子就看得到陰的東西，每次跟媽媽講後門的水溝旁有一個只有上半身的女鬼，媽媽就會嚇得半死，叫他們不准再講。她哥哥更慘，看到的都是身體或頭顱有破損殘缺的鬼。天生體質看得到的她，也只能見怪不怪。

問周小姐在山區的特殊經驗，她說在二〇〇八年九月某日，她與同事一起走富士古道（位於新北市萬里區，古道環繞大尖山，而大尖山為錐狀型，酷似日本富士山而得名），日治時期以來，當地農民便走這條古道前往富士坪牧牛（因此富士古道可以說是一條「牛路」）。她說，登山入口自大坪國小溪底分校起程，一開始就要爬坡，令她氣喘如牛，她說早知如此辛苦應該待在家裡睡回籠覺。前進至石棚土地公處前五十公尺，她被山中的鬼魅抓住腳，害她差點絆倒，她大聲斥責才把祂趕跑。因為她習慣與鬼相遇時，要比祂們凶，鬼都比較怕她。

她說，「惹熊惹虎，毋通惹著刺查某」，鬼也會欺善怕惡。周小姐描述，有次遇到一雙手抓住她的腳將她絆倒，那雙手就像人們在太陽下看到的黑影。同事問她跟誰吵架，她不想驚嚇同事，只好說是自言自語。她同時警告如果走到斷崖或山邊時，要盡量抓著樹幹或繩索，不要自恃平衡感很強，如果魔神仔絆倒你，掉下去可是後悔也來不及。

File 02

天黑時鬼會來工寮

報導人：黃先生（花蓮人）
採訪時間：二〇一三年一月下旬
採訪地點：花蓮吉安三角市場
採訪記錄：李茂志

黃阿伯說他幾十年前曾到奇萊保線所做修路的工作，當時就住在奇萊保線所，傍晚約五點天黑時，鬼會來工寮，養在門外很凶的狗都嚇到夾起尾巴不敢叫。他說看到鬼的時候，都是霧霧的，如果鬼給你看很清楚，就是要抓你走。

他說農曆初一、十五都要拜拜，如果沒拜拜或拜得不豐富，那幾天就不用吃飯了。因為鬼會把沙子跟葉子弄到煮飯的鍋子裡，剛煮的時候都是乾淨的，煮好之後飯裡都是沙子跟葉子，根本不能吃。

他們打的隧道每兩三天就會崩毀或是出問題，用十頭豬去祭也沒有用，之後那隧道就不打了。

File 03

碉堡中的鬼

報導人：沈先生（曾任報社記者）
採訪時間：二〇一〇年六月下旬
採訪地點：花蓮縣瑞穗鄉
採訪記錄：林美容

一九七二年的時候，有一次去奇萊山登山，到第三個碉堡的地方，晚上就住在那裡。碉堡內掛著一些死難者的相片，據說是陸軍官校畢業的，遇難才剛一兩個月。相片之外有設靈位，照片有七、八幅，長一尺寬八吋，是爬山死在奇萊山山路的官兵。

那時沈先生要進山找人，但要去哪裡找人？他才進報社沒幾天，想回頭，不敢回頭，因天色已晚，就住在碉堡。碉堡內因為有這些照片而陰森森的。那晚有八人同時住在那裡，其中三人是阿兵哥，五人是登山客，其中有二位基督徒說人死後拜拜沒有用，大家有一些爭論。大家入睡之後，半夜中，本來門要從外往內才能推開，繩子綁在裡面，突然斷掉，門就開了，卻也沒見人。門被推開時，大家才發現這兩個基督徒不見了，找了一下，才發現那二人不知怎麼搞的，半夜被拖出門外，在碉堡外一公尺處被發現，大家看到都嚇壞了，早上五點多天一亮，大家就趕快離開了。

File 04

住小木屋，半夜有男的探頭看

報導人：林太太（中藥行老闆娘）
採訪時間：二〇一八年一月下旬
採訪地點：中研院附近市場中藥行
採訪記錄：林美容

林太太說十幾年前她和家人去蕙蓀林場旅遊，晚上住在小木屋，她和她妹妹睡一張床，她先生和女兒睡旁邊地上。半夜睡覺時，她朦朧當中，感覺有人，本來以為是她先生，但是她的眼角瞄到她先生好好地睡在旁邊，睜開眼睛時，看到一個陌生男的站在旁邊，探頭往下看著床上。她不理祂，閉上眼睛繼續睡覺。但從此以後她就再也不敢出門睡小木屋，我跟她說可能是以前住過那裡的人。

File 05

工寮工人放假要回家，行李突然不見

報導人：詹先生（九十多歲）
採訪時間：二〇二五年二月下旬
採訪地點：胡適庭園附近公寓
採訪記錄：林美容

詹先生說他以前在靠近花蓮銅門村，他說了一個什麼線，應該是一條路的名稱，那時台電的工人都在山上搭工寮居住，每當有人放假要回家的時候，前一晚就會有人把他們的行李袋拿走，找不到行李袋，而沒辦法回家。這樣的事發生好幾次。詹先生說他沒遇過，是聽老一點的隊友說的。

File 06

觀音山上半夜看到穿軍裝臉平平的鬼

報導人：林老師（莆田書院教授）
採訪時間：二〇二〇年七月下旬
採訪地點：中研院民族所
採訪記錄：林美容

林老師表示，她爸爸還在時，有天朋友來找，喝酒聊天到很晚，他就載對方回觀音山上的家，他把朋友載回家之後，開車要返家時，半路看到遠遠好像有一個人牽著一隻狗，他想說這麼晚了，也許那個人需要搭便車想說載一下。車子慢慢靠邊停下，才發現是狗對著那個人狂吠，他一看那個人穿著軍裝，腳上的襪子好像是白襪黑點，沒有著地，那人的臉是平的，他嚇死了，趕快加速離開，開到西門町時已經半夜兩三點，他在西門町停了好一會兒，一直想他看到的到底是人還是鬼，之後才開車回家。

File 07

三王山有僵屍會抓人

報導人：葉同學（中山大學）
採訪時間：二〇二二年五月中旬
採訪地點：中研院民族所
採訪記錄：林美容

葉同學出身高雄灣裡，祖母是從台南喜樹嫁過來，他祖母高齡八十幾，這是他祖母跟他講的故事，他祖母的母親也曾親眼看到。

他說喜樹是拜王爺的沿海村莊，附近有三王山（三粒山），傳說三王山的地理很好，大家喜歡將亡者埋葬在這裡，因為得到日月精華，埋在那裡的屍體有些會因此變成僵屍，而僵屍會在晚上出來抓人，把人抱住，然後那個人會痛苦兩三天之後死亡，僵屍是穿著壽衣內裡那件白衣出來的，抓完了一個還會再抓，一直到天亮才回去。也有一個故事是說村裡某人的父親埋葬已久，有三王公的乩童說棺木裡的屍體快要變成僵屍，要趕快處理，就請了法師和土公仔去處理，結果一挖開墳墓，赫然看到屍體雖然腐爛，卻生出血管，就將屍體灑酒、灑黑狗血，然後火化撿骨，重新埋葬。

【新聞事件】

揪團爬大雪山！女「神秘箭竹林」失蹤

事件時間：二〇二〇年九月／事件地點：台中／資料參考：《中時電子報》、《自由電子報》

台北市趙女八月跟團攀登台中大雪山，返程時意外脫隊失聯，至今已超過三十天。救難隊上山搜索，但路程中有箭竹林、芒草與崩壁，搜索十分困難，目前只有找到一支斷掉的登山杖。丈夫十分焦急，在臉書上發文尋妻，希望能盡快找到人。

趙女與好友相約爬山，八月二十一日輕裝出發，從大雪山國家森林公園進入，不料下山時脫隊失聯，她也自行打電話報案，隨後在山裡消失。丈夫、隊友找不到人，趕緊通報搜救隊，上山尋找趙女。

不過，經過連日尋找，搜救隊都沒有任何發現蹤跡，還因為山勢險峻，有隊員負傷下山，搜救相當困難。出動搜救的苗栗縣消防隊小隊長李信德指出，趙女在海拔三千一百公尺處迷途，但從兩千七到三千一公尺之間，全是密密麻麻的箭竹林，實在非常難尋找，要在箭竹之間不斷穿梭。

Q 鬼月潛規則：半夜不要回頭？

A 老一輩的人認為，每個人身上都有三把火，左右兩肩和額頭各一把，用來護持精氣神，鬼魂因此不敢近身。若半夜走在路上，突然回頭，無論左轉或右轉，都可能弄熄肩上的火，削減陽氣，使靈體有機可趁。同理，也不應該亂拍別人的頭或肩膀。

Q 鬼月潛規則：別吹口哨？

A 台灣民俗相信，午後三時（申時）起，吹口哨或笛子所發出的音頻，容易與靈界產生共鳴。因此，在傍晚過後吹口哨，就像是聲聲呼喚在路上飄盪的好兄弟，容易招引祂們的跟隨，半夜在路上邊走邊吹口哨，更像是宣告自身存在，挑戰另一個世界。另有一說是會打擾自家的公媽靈。

Q 拜陰神有什麼禁忌？

A 無主枯骨經人們集塚立祠祭祀之後，即成為陰神。在習俗中，忌諱於黃昏日落後前往陰廟祭祀，以免被靈體附身。此外，若在陰廟有所祈求，無論所求大小，即使是求平安，日後都應回去還願，例如：準備祭品、實踐應許之事，或是捐獻香油錢、聘請劇團表演、改建廟宇等。

怕都怕死了，誰還管得了鬼長什麼模樣！各種傳說與創作，把鬼形容得千奇百怪，會飛、會飄、會穿牆。其實，鬼就是靈體，人所看到的鬼形象，就是祂們想顯示的樣子（有具相本事的靈體並不多見）。本篇以鬼的本身形象為概念做分類，收錄女鬼、水鬼、外國鬼、竹篙鬼、搗蛋鬼、新亡的魂。

Part 2

鬼的模樣——幫靈界朋友做分類

Chapter 9 女鬼

女鬼，在通俗文化中，常以受冤屈的形象出現，長髮、穿紅衣。在台灣民間信仰中，無嗣、即未婚沒有後代祭拜的亡魂就會變成孤魂野鬼，女鬼若因靈感事蹟被奉祀的話，就成了姑娘廟，而有些無嗣的姑娘，放在巖仔或齋堂祭祀的情況也是有的。值得一提的是，宜蘭一地由於冥婚習俗興盛，因而較少姑娘廟。

她在捷運上過勞猝死後，每晚末班車開進空月台時，仍拖著疲憊的身影走上列車，坐回座位。

File 01

在體育館散步，看到女鬼

報導人：翁先生夫婦
採訪時間：二〇〇九年一月上旬
採訪地點：台東翁家
採訪記錄：林美容

翁先生每到不乾淨的地方，就會起雞皮疙瘩。有一次他跟太太兩人到體育館散步，繞著圓型巨蛋，走了一圈。突然翁先生拉著翁太太往回走，還低聲叮嚀翁太太不要回頭看，翁太太一聽此話，全身豎起寒毛，翁先生才說看到一個女鬼在體育館旁。

File 02

半身女鬼探視被收留的女兒

報導人：鄭先生
採訪時間：二〇一一年一月上旬
採訪地點：介仁街慈大人社院到中原路開車途中
陪同採訪：陳鴻章
採訪記錄：林美容

鴻章是跟朋友鄭先生一起開車來的，鄭先生要載我去近日在中原路開業的游師父那裡整脊，我們坐上車後，一路閒聊。鄭先生原在台北從事營造業，最近回花蓮。我問他有沒有聽過魔神仔的事情，鄭先生說小時候常常聽到。後來鄭先生才說，他七歲時就曾見過，那是晚上發生的事，在自己家門邊看到的。那魔神仔看起來跟一般人一樣，但是沒有下半身，他嚇壞了，趕緊要逃跑，情急下還跌倒，不小心叫出聲，父母才醒過來。父母知道後，第二天就帶著他去廟裡拜拜。拜了四五間廟，才問出來，是因為當時他們家收留一對無父無母的姊妹，那是她們的母親亡魂來探視孩子，並無惡意。後來，第二天鄭先生又再次看到鬼，卻只是白色的影子，往門外飄走，還對他微笑。

File 03

查某嫺死於古井，之後經常死人

報導人：張蔡阿媽
採訪時間：二〇一一年十一月下旬
採訪地點：新竹市東區
採訪記錄：李林進旺

張蔡女士住在菁仔巷，即現在的西大路。據張蔡女士言，菁仔巷是清朝時代的大街，街兩旁都是行郊。現今西大路都是有錢人的大厝，當年開發西大路時，正是張蔡女士童年，因此印象深刻。張蔡女士現居的住宅仍有古風，是夫家祖先在日治時期向郊商買來的。張蔡女士丈夫的祖父，會作詩，也是漢醫；張蔡女士的公公年輕時曾在「慶順行」做事，後來自己製作拜天公的燈座，挑到內山地方販賣。張蔡女士的丈夫則從事製作皮鞋的行業，娘家蔡氏家族舊時在新竹空軍基地建有大厝，是清朝時期的有錢人。

張蔡女士目前與女兒、女婿同住，平日在家以裁縫車製作傳統服飾，如男女壽衣、戲服白領，乃至大爺、二爺大神尪的衣服，經常有人登門訂製。平日對神佛信仰虔誠，每日早晨都會前往新竹市的大廟——城隍廟、東寧宮、關帝廟、天公壇、觀音亭、內媽祖等廟宇燒香拜拜，也常與一群婆婆媽媽到城隍廟、東寧宮當義工，或洗碗煮菜，或隨香，或號召普分（普度時替廟方招攬民眾分普桌）等等。二〇〇〇年張蔡女士第三度跌倒，造成脊椎病變，行走困難，於是在家休養，由印傭照護。

張蔡女士信仰偏向佛教，較不喜歡聽魔神仔、鬼之類的事情，雖常到廟裡和一群婆婆媽媽當義工，有時邊做事邊聊天，但都不曾聊到有關魔神仔的故事，所聽到有關鬼的故事大致有兩件，她敘述其中的一件如下：

菁仔巷路口，即我住的這間左手邊第三間房子，據說不太乾淨，那間清朝時是一個有錢人的房子，屋後有一古井，曾有一個查某嫻（婢女）死在古井裡，之後就一直不平靜，經常死人。日本時代是一位巡查住過，但沒聽說有什麼異狀，之後每次來住的人，家裡都會死人。一開始是一個做餅的買下，他常聽見樓下的藤椅在無人坐的情況下發出聲響，後來家裡也死了人，他把古早的舊房子和井拆掉後，沒有讓土地先曬曬太陽，隨即又蓋新房子，之後來住的人也都不平安。例如有一戶大家族入住，住進來的有母親、丈母娘、夫妻、兄弟等，這家族前前後後就死掉九個人。後來有一間佛堂搬到這裡，住持會通靈，據說這個查某嫻附在人身上，跟住持說祂不甘願，因而佛堂最後也是沒下文就搬走了。目前是被一個住竹北的人買走了，計畫裝潢隔間後出租。

File 04

死去的大媽帶走細姨仔之子

報導人：鄧女士
採訪時間：二〇一一年十一月下旬
採訪地點：花蓮市
採訪記錄：李林進旺

鄧女士幼年居於三峽，一九五八年，十九歲時遷居花蓮，與丈夫婚後育有一子一女。但不久後離婚，鄧女士帶著孩子四處討生活，曾在上海街口賣檳榔，後來十餘年，則在明義國小活動中心前以餐車販賣涼麵，店號「雅芳涼麵」，又遷居建林街，仍繼續經營涼麵生意，頗受好評。

鄧女士三十歲以前，就喜歡聽神鬼、地理之類的傳說故事，想要知道它是真的還是假的，且經常去算命，自稱是「有命算到沒命」。三十歲那年，由於雙腳小腿的皮膚得了怪症，一聽到人家說哪裡治病很厲害，就一定去拜訪，因此認識了不少老師或赤腳仙之類的奇人，也到處拜過許多宮廟跟道場。另外，鄧女士自認第六感很靈驗，對事物的感應相當準確，也常夢到靈異的夢境，許多老師皆稱她修行的根基不錯，雖曾拜師，卻因家中生活與經濟壓力，沒有多餘的時間與金錢，所以不曾好好地跟過哪個老師長期學習。只有平日做生意空閒之時，常看電視上「大德講道理」，最近則正在聽某電視台老師講道理。

鄧女士人生閱歷豐富，故事很多，訪談時意猶未盡。訪問結束時，她說了一段話總結：「一個成功的女人，背後有很多層層疊疊的故事；一個失敗的女人，背後也有很多層層疊疊的故事。成功女人的故事，是商場之類的故事，失敗女人的故事，則是社會底層的故事。」以下是鄧女士所說的故事：

我小時候所居住的三峽鎮二鬮里，是在山邊的村庄，只有二十幾戶人家，距離三峽街上有一段距離。大概在我小學三年級時（一九五〇年代），我們村庄裡有一位父親背著生病發燒好幾天的兒子，騎著腳踏車去街上看醫生，看完診，回程途經一處茶園的山坡地，小孩子突然指著種茶的斜坡，說他看見大姨（即這位父親原有的正妻，已經過世，這小孩是續絃的孩子），直說「大姨在那邊」，一直想要掙脫背巾跑過去，在父親的背上扭動兩、三下後才安靜不動，父親不以為意，繼續騎車回家。沒想到，到家的時候，把孩子放下來，才發現小孩子已經沒氣了。隔天一些老人家、鄰居到他家關心時，這位父親講給我們聽，大家都覺得不可思議，猜測這小孩子是被他大媽帶走的，老人家都認為應該是大媽沒有後嗣，又無人過繼，所以帶走小孩子。事後大家常談起這件事情，因此記憶猶新。

File 05

傳說被殺的小姐晚上會出現

報導人：蕭先生
採訪時間：二〇一二年十二月中旬
採訪地點：中研院附近
採訪記錄：李家愷

蕭先生說了一件年輕時發生的事，他說他年輕時，有個外省人，追求一位二十多歲的小姐。外省人追求得很勤快，但那小姐就是不願意嫁，最後那個外省人拿刀殺了小姐。凶殺案發生後，村子裡就在傳，說晚上那位小姐會出現。蕭先生說當時他很年輕，和幾個朋友好奇晚上就在凶案現場察看，卻什麼也沒發生。

蕭先生說風水輪流轉，現在是換中國那邊的小姐跑來當「收屍隊」。他解釋收屍隊的意思，就是許多老兵還想娶妻，就有仲介公司專門引介中國小姐過來台灣嫁給老兵，這些小姐會選擇嫁給快死了的老兵，等嫁完沒多久老兵死了，中國小姐就可以領取老兵的遺產、補助金，甚至再繼續找下一個目標改嫁，這就是「收屍隊」。

File 06

女鬼附身，廟前申冤

報導人：林老師（文化大學日文系）
採訪時間：二〇一七年十一月中旬
採訪地點：大龍峒保安宮附近
採訪記錄：林美容

林老師從小住萬華，小時候，曾見過一位年輕瘦小的小姐被鬼附身，很可怕，她趴在環河南路一間王爺廟前面的柱子，嘴裡直說，她要申冤。廟公讓她入內，找來乩童，神明借乩問有何冤情？女鬼訴說，祂是新婦仔，被養家欺負致死，連死了也被欺負，沒得吃穿，祂很痛苦，很不甘願。後來，林老師來不及看乩童怎麼處理，就被媽媽抓回家了。

File 07

租住凶宅見亡魂，開始靈通

報導人：陳女士（慈濟大學宗教所）
採訪時間：二〇二五年四月下旬
採訪地點：花蓮往南港火車上
採訪記錄：林美容

陳女士仍就讀宗教所，但年紀較長，女兒已二十五歲在上班，她分享女兒同事租屋的故事。

這位同事年齡和她女兒差不多，原本和她一位朋友在板橋合租一間小坪數的公寓，房租非常便宜，住進去之後，才知先前有一對母女在這裡燒炭自殺。起初兩人不以為意，也沒事情發生，但是住了一段時間後，開始聽到一些莫名其妙的聲音，有人的講話聲，也有東西掉落的聲音等等，好像另外有人在家裡活動。這位同事說她並不害怕，但是後來她竟然可以看到這兩位亡逝的母女，之後她慢慢可以看到各種無形的東西，想想還是搬走。

File 08

紅衣女孩坐在樓梯向下望

報導人：洪先生（草屯同鄉）
採訪時間：二〇一八年七月下旬
採訪地點：台中市中清路
採訪記錄：林美容

草屯年輕同鄉洪先生說，他以前在宜蘭讀書，同學們合租一棟三層公寓，他住在一樓，有一天二樓二位同學很害怕地說，看到一位紅衣女孩坐在上面的樓梯，朝下看著他們，他們不敢下樓，所以請一樓的同學來接他們。

File 09

亡母生前詛咒誰買其地就會精神病

報導人：葉同學（中山大學）
採訪時間：二〇二二年五月中旬
採訪地點：中研院民族所大廳
採訪記錄：林美容

這個故事發生在台南仁德區，有一位當母親的，因為兒子與兒媳婦不孝，含屈而逝，過世之前詛咒說，誰如果買他們家的地，就讓那人精神病。她兒子可能因為畏懼，在自家的地上蓋了小廟祭祀母親，他們家有一個小公園那麼大。真的幾經轉手買地的人都發生精神病，葉同學爸爸的同學友人曾買了那地，精神病困擾了二十年，後來賣給建商，精神病不藥而癒，因為建商是一個團伙，詛咒就終止。

File 10

爲同學念佛送喪，百日後同學來道謝

報導人：林老師（任教於莆田學院）
採訪時間：二〇二〇年七月下旬
採訪地點：中研院民族所
採訪記錄：林美容

林老師表示她有一位高中同學，比較好強，大學聯考沒考好，於是重考，又什麼都要學。有一次去駕訓班，不幸騎摩托車時出車禍，被砂石車輾過，雖然有戴安全帽，情況也是很悽慘，就這樣往生，因為是未出嫁的女兒，出殯時，父母還要用竹條打她。

林老師去殯儀館看這位同學，殯儀館的人拉開冰櫃，真的是一個頭兩個大，腫脹得很。她說高中同學的死亡，讓她看到無常，是帶領她學佛的因緣；她也為這位女同學念佛，還跟幾位同學替祂送行，一直送到火葬場。大概是百日之後，有一天清晨將醒未醒之際，看到那位同學來她家，問祂怎麼來的，說是騎摩托車來的。看祂完好如初，只不過腳上蹬著高跟靴，卻沒有著地，她問吃飯了沒，要煮飯，那位同學說不用了，祂來跟她道謝一下要走了。

File 11

日本人也看到鬼卒拖著人走

報導人：玉店店員
採訪時間：二〇二五年六月上旬
採訪地點：台北市忠孝東路五段某玉店
採訪記錄：林美容

以下是由玉店女店員轉述該店日本籍台南顧客口述的故事。

有一天這位日本人開車回家，從社區車道入口開進去時，突然看到一個像七爺的那位，手裡還拿著手銬，拖著一位女人，倏忽而過。他說從那天之後，連續四十天，他每天在夢中重複看到這個情景，最後一天的夢中，那位高高的鬼卒突然轉身瞪向他，「為何要看到我！」很不高興的樣子。

從此之後，這個夢境就不再出現了。

這位日本人在台灣住了多年，對台灣的民俗文化應該有些瞭解，異文化的民俗景象，居然也出現在他的夢中，或許這夢境也揭示他內在心靈的在地化。

【新聞事件】

「女幽魂報恩」助發財還幫找老婆

事件時間：一九九九年九月／事件地點：台中／資料參考：《三立新聞網》、《自由電子報》

潘姓母女三人命案轟動社會，凶手吳應弘由最高法院判處死刑定讞，同年七月十六日押赴台中監獄刑場槍決伏法。據悉，當年在日月潭發現屍塊的黃姓男子，事發後靈異遭遇連連，當地盛傳有兩名女子跟在他身後，不僅幫助黃男在賭場上發財，甚至還替他覓得美嬌娘，玄奇過程讓警方及當地民眾嘖嘖稱奇。

Q 為什麼鬼穿白衣？

A 提到鬼，我們腦中浮現的畫面通常是披頭散髮、青面獠牙、臉色慘白，甚至與僵屍或吸血鬼混淆。古今中外的文學和戲劇更是創作出形態萬千的鬼模樣。

但是，田野訪談有遇鬼經驗的人，對於鬼的形象並沒有那麼多複雜的描述，他們看到的多數只有模糊白影，極少數才有具體模樣。這之間的差別，或許是取決於鬼想要顯出什麼模樣來讓人看見。

值得一提的是，模糊白影到了影視作品中往往被塑造成穿白衣。在民間信仰中，反倒是媽祖和觀音才穿白衣。白衣是觀音的其中一種化身，因此又有「白衣大士」之稱；而媽祖則是傳說祂在二次世界大戰美軍空襲台灣時，顯靈以白色衣裙接下炸彈，化解危機，拯救蒼生。

那麼，神和鬼又有什麼差別？我在《祭祀圈與地方社會》裡提過：「傳統上，成神的途徑有二：一是崇功報德的觀念下，對生前有功德者的神靈之崇祀；二是不正常死亡以致死後為厲，民懼而祀之。」孤魂野鬼即是無祀的陰鬼，因為靈感事蹟，而

被奉祀的話，就成為陰神，不再是鬼魂了。換句話說，鬼神雖然經常並稱，就人的心理層面來說，卻又天差地遠。人們的祭祀心理也是頗不相同，拜神的話，要以崇敬虔誠的心祭祀，拜鬼的話，強調的是供品要豐盛，希望祂們吃飽喝足，趕快離開。

Q 單身女子死後會變成孤魂野鬼嗎？

A 《禮記．禮運》說：「男有分，女有歸。」說明男子各有其職、女子各有歸屬，是古代社會的理想情境之一。隨著男女平權與婚姻觀念的改變，現代女性從教育、經濟、社會到生活各個層面都能獨立自主，越來越多人選擇單身。然而，在漢人的傳統觀念中，女子必須出嫁、過世後有牌位，才能轉世投胎。

有無後嗣供奉，非僅是信仰的問題，也是文化上必須處理的問題。若是沒有子嗣的男子，過世後，會以「過房」方式收養兄弟或同宗族親的兒子，並且登錄在族譜中作為證明。至於未婚女子的身後，則以下列方式來「處理」：

◆冥婚。漢人相信死後世界是生前的延續，若女子生前未婚，到了陰間，需透過冥婚儀式，才得以接受夫家香火，使魂魄有所依歸。台灣盛行的冥婚，是將女子的生辰八字、現金和紙錢裝入紅包，放在路上，靜待有緣人撿拾。接受冥婚的新郎日後仍可在陽間再婚。

◆立姑娘廟。清代的女性孤魂（不限未婚）都供奉在萬善祠旁，若生前有功、死後顯靈濟世造福鄉民，或是發生鬼魂作祟、託夢求祀等事件，才立專祠，稱作「姑娘廟」。除了專祠，亦有與其他神祇合祀、並祀、寄祀的情況，或是嫁給神明成為配偶神（例如：三山國王廟）。用現代觀點來說，姑娘廟是從女性孤魂升格為陰神的出路。

◆入祀齋堂。俗語說：「尪架頂無拜老姑婆。」因此，舊俗會將未婚女子的牌位送往齋堂（台語稱「菜堂」），以便得到香火祭祀。齋堂原指在家人供佛吃齋的佛堂，往昔非常普遍，致使「菜堂」一詞也用來指涉出家人所在的寺院庵堂。《臺灣的齋堂與巖仔》解釋：「往昔由於齋教盛行，齋堂很多，一些『菜姑』、『菜媽』、『菜公』在那裡吃齋念佛，遂用以衍稱佛教的寺院庵堂，只要有人在那裡吃齋念佛，無論是在家、出家，皆稱為『菜堂』。」

◆依歸原生家庭的祖先。儘管台灣傳統社會以父系為中心，認為未婚女子不屬於原生家庭，死後不得奉祀於祖先祠堂；而今《民法．親屬編》修法後，女性的地位提升，死後的相關儀式文化或將與時俱進。

Q 什麼是「巖仔」？

A 巖，指依山而建的寺廟，台語稱「巖仔」，台灣的巖仔主祀觀音居多，但也有主祀清水祖師，或是其他神明的情況。我在《臺灣的齋堂與巖仔》裡介紹過：巖仔的性質各異，大多為地方公廟，有些是佛寺，有些是兩者兼而有之，有些是家庭佛堂，有些是字姓廟，有些則是私廟。

此外，在調查巖仔時發現一個很鮮明的印象，就是很多巖仔設有納骨塔，即便沒有納骨塔，殿內也常設有過世信徒的牌位，或是開山有功者的長生祿位。而屬於家庭式佛堂性質的巖仔，奉祀家族的歷代公媽牌位，更是常見。

Q 為什麼路上的紅包不能撿？

A 路上的紅包通常大有玄機，當然不能隨便撿拾！依照民俗，運氣不好或罹患重病的人，將自己的頭髮、指甲和少許現金放入紅包，丟在路上，就可以將厄運轉給別人，俗稱為「過運」；若是摺成三角形的紅包，裡頭放有生辰八字和冥紙，則是家屬替未婚過世的女性親人找尋「冥婚」對象的信物。無論是過運或冥婚，對撿到的人來說，都不算是好事。民俗專家廖大乙即曾向記者表示，民間確實有流傳運氣不好的人會透過紅包改運，將頭髮、指甲等物品放進紅包袋，朝裡面吹一口氣，放進一些錢再封起來，丟到路邊讓人撿，撿到紅包的人就成為「過（衰）運」的對象。民俗專家也表示，如果不想被當成別人過運的目標，那麼看到路邊紅包不要撿，更不要起貪念想打開，如果撿了，直接當遺失物送到警察局，或是將紅包帶到廟宇，將事情原委稟告神明，再把錢投進功德箱，將紅包袋放進廟內香爐燒化，「不拿錢就不用替人消災」，完成之後直接回家即可。

Q 「牽亡」和「關落陰」有何不同？

A 在民俗信仰中，許多人會透過到地府牽亡或關落陰，找尋逝世的親友，訴說來不及道出的話。

這兩種儀式都是透過靈媒與亡者重聚，不同的是：牽亡是由靈媒牽引亡魂到陽間與生者對話；而關落陰則是生者跟隨靈媒的指引前往陰曹地府。

俗語說：「牽尪姨，順話尾。」這樣的儀式是否可信？藝人白冰冰曾言找了很多儀式專家關落陰，都無法看見女兒白曉燕。但也有受訪者分享：女兒在嬰孩時期因先天疾病而早夭，多年來身為母親的自己總無法割捨，參與過無數次的關落陰都找不到亡魂。

直到有一回，終於看見女兒在另一個世界裡長成少女，而且過得很好。身為母親，即使陰陽相隔十幾年，也能一眼認出女兒，瞬間釋懷，獲得安慰。

我們只能說，從台灣人祀鬼習俗得知人們對於死後的想像，是一種廣泛的文化思維，很貼心地兼顧了生者與亡者。因此，牽亡或關落陰就像是民俗療法，撫慰著生者對生死的牽絆，與心理諮商具有相似的作用。

Chapter 10
水鬼

台灣民間傳說水鬼多要置人於死地，務必抓到人當替身，祂才能投胎。在做田野調查時聽到非常多形容水鬼之可怕的說法，而這些說法又常常和父母長輩的告誡連在一起。

海風驟停那夜，他跌入海中求救無聲，只見上百雙泛白腫脹的手掌從海底探出，把他拉入一座由水鬼堆疊成的血色王座。

File 01

矮矮小小黑黑的水鬼，會在橋下

報導人：蘇先生（不動產仲介）
採訪時間：二〇一二年九月上旬
採訪地點：屏東縣萬巒鄉
採訪記錄：林美容

蘇先生的父親曾經跟他說，鄉下水溝橋下會有水鬼，祂們的長相矮矮小小、黑黑的。蘇先生的父親從前生活在彰化鄉下，因為受到神明喜歡、器重，被找去當乩童，且還會當關手轎的抓轎者，神明降駕讓民眾問事，作為人鬼神之間的溝通媒介。（關手轎，又稱攆手轎、關手攆、關輦轎等，是中南部宮廟中常見的神明辦事方式。由正副轎手左右握著手轎下方，等神明下駕，轎手依其力道「寫字」來傳達神明的意思。）

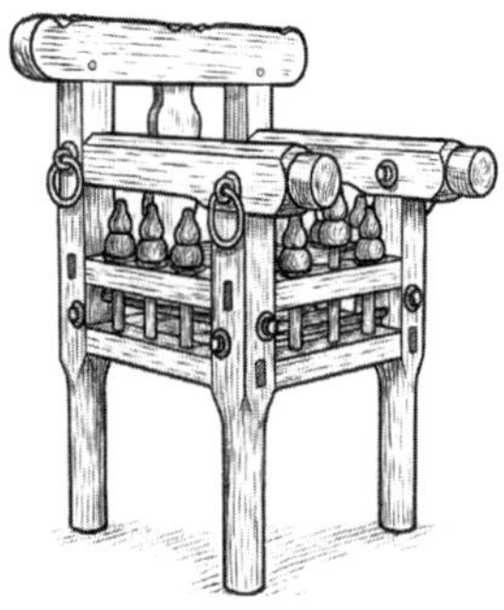

File 02

縱身跳水求刺激，水中彷彿有手拉

報導人：王先生
採訪時間：二〇一二年十二月下旬
採訪地點：新北市烏來區
採訪記錄：吳秉翰

內洞森林遊樂區是北部有名的觀光景點，不但有豐富的自然生態，沿著桶后溪還是台灣國際十大賞鳥路線之一，呼吸森林裡的芬多精與瀑布的負離子，是假日休閒的好去處。

有一次，王先生在遊樂區入口處斜對面的一個瀑布，看到很多老外從瀑布上縱身跳入水中，非常瘋狂刺激。王先生輸人不輸陣，與同行夥伴也決定涉水到對岸的瀑布，循著老外的足跡往上爬到跳水處，那高度約有三層樓，因為很高，王先生來回躊躇了好一會兒，最後才鼓起勇氣往下跳。

跳下去的那一瞬間血液無法流到腦部，王先生覺得自己在進入水中前，好像短暫失去意識。因而他認為，跳樓自殺死亡的人會因為缺氧而沒有意識，應該是不會痛的。

王先生進入深水後，恢復意識，本能踢水想浮上水面，可是卻覺得腳踢不太動，在瀑布的大量水花壓力和深邃的山壁間，好像有一雙手捉住他的腳踝往下拉。他拚命地踢水想踹開那雙手，當下十分恐懼。踢了幾十下，好不容易才游到有陽光的地方，這時才覺得那雙手終於鬆開，王先生當下不敢告訴其他朋友，後來在瀑布池中，他也只敢在有光線的區域游泳。

王先生事後與朋友聊起，才知道當天大家都有被往下拉的感覺。他認為可能大家的陽氣夠強，或命不該絕，才能躲過這一劫數。王先生從此更加敬畏大自然天地間，肉眼看不到的東西與場域了。

File 03

兒子在蘭潭遇水鬼抓交替，幸運撿回一命

報導人：李小姐
採訪時間：二〇一三年一月上旬
故事採集地點：嘉義市蘭潭風景區
採訪記錄：王招貴

蘭潭又名南潭，位在嘉義市東北郊山仔頂附近，為嘉義八景之一，幾乎每年都會有人在蘭潭失足溺斃或自殺。李小姐說，相傳有一梯次的在地消防隊到此處受訓，練習游泳自救及救人技巧，其中大部分隊員在水中都有被拉的感覺，幸好都安然無恙。有一說法是，消防人員是領旨下凡投胎來救人的，為百

姓出生入死，水鬼不可以隨便抓陽間的活菩薩來交替，但一般百姓就沒有那麼幸運。

李小姐的兒子在國中時曾與同學偷偷把岸邊的竹筏划到潭中央，在竹筏上玩起相撲互推，試圖將對方推入水中。大戰數回合後，同學們都有些疲累，最後一次入水後，慢慢游回竹筏邊，雙手靠上竹筏想要用力起身。此時李小姐的兒子忽然大喊救命，同學以為他腳抽筋，幫忙要把他拉上竹筏，卻覺得他異常沉重，好像另一邊有人跟他們玩拔河似，有一股很強的力量想將李小姐的兒子往水裡拉。後來另外兩位同學也一起來幫忙，才把他拉上竹筏。

同學們跌坐在竹筏上，看到李小姐的兒子腳踝紅紅的，有被抓傷的痕跡，大家嚇得立刻拿起划槳拚命划回岸邊，上了岸，頭也不回拔腿就跑。兒子回家後，李小姐帶他跑了好幾間廟宇收驚，才慢慢回過神來。現在他們只會在岸上環潭，再也不下水游泳了。

File 04

陰暗溪水裡，有二、三十雙眼睛盯著他

報導人：王先生
採訪時間：二〇一三年一月上旬
採訪地點：新北市烏來區
採訪記錄：王招貴

王先生平日熱愛戶外活動，經常到烏來桶后溪騎單車。他是無神論者，當大家農曆七月不太出門時，對他而言卻正是享受寧靜大自然的最佳時光。

夏天酷熱，王先生騎到桶后溪步道終點時，還會躍入溪水中消暑，溪谷在兩座山之間，下午日照開始偏斜，山的陰影會遮掩部分水域。王先生原本在水中悠游自得，但游向對岸的陰暗處時，卻突然驚覺水的密度大得好像果凍！王先生頓時全身起雞皮疙瘩，非常不舒服，立刻反向游回。說也奇怪，游到有陽光照射的水域時，那種不舒服的感覺就消失，游泳也不再費力。

王先生好奇地在水中回頭，大吃一驚，那陰影遮蔽的水中，有二、三十雙的眼睛盯著他看。他立刻加速游回岸上，起身離開，從此不再獨自一人到溪水中游泳，更重要的是，絕不游到沒有陽光的陰暗水域。

File 05

花蓮月眉的水鬼仔像「桌頭嫺」一樣小

報導人：黃先生
採訪時間：二〇一三年一月下旬
採訪地點：花蓮吉安三角市場
採訪記錄：李茂志

在花蓮吉安吃飯時，跟陳阿伯閒聊怪談，黃阿伯也隨之加入了話題。黃阿伯說他在幾十年前曾在花蓮月眉看過「水鬼仔」。那些水鬼仔身高大概只有十五至二十公分，像靈堂牌位旁的紙糊婢女「桌頭嫺」一樣小小的，在水上面跑來跑去。但有些人看得到、有些人看不到。那次黃阿伯就是跟女兒一起去水窟釣魚，他看到水鬼在水面上跑，女兒卻說什麼都沒看到。

黃阿伯還說，若是像溪流那樣的活水是看不到水鬼的，但若是水潭或水窟之類的死水中就會有水鬼。

【新聞事件】

大豹溪「抓交替」？地方辦普度誠心祭拜好兄弟！

事件時間：二〇一八年八月／事件地點：新北市三峽區／資料參考：《自由電子報》

新北市三峽區的大豹溪流域風景秀麗，每年暑假都吸引許多民眾前來戲水，也發生過許多意外，在地插角里長林坤郎、金圳里長邱金菊、有木里長尤嘉慶，每年中元普度誠心祭拜好兄弟，希望亡者安息，也保庇遊客平安。

民間傳說，水域若常傳出溺斃意外，就是有溺斃者或怨靈作祟「抓交替」，必須透過超度、引魂等法事化解怨氣、淨化，否則會持續有人溺斃。林坤郎說，近年在消防單位、民間團體駐點、防溺及地方超度亡魂、中元普度法會等宗教力量加持，近十年來曾有七年創下戲水零溺斃佳績，從二〇〇八年敬邀三峽長福巖清水祖師公首度到大豹溪坐壇，超度水底冤魂為民眾求平安後，往後每年插角里辦公室都向政府爭取經費、加上地方仕紳贊助或自籌舉辦中元普度法會，為地方祈福。

Q 鬼月潛規則：鬼月不能戲水？

A 年輕人最愛夏天戲水消暑，偏偏常忽略危險水域的警示，以及身體的小狀況。鬼月適逢盛夏，在民俗中，原是嚴禁戲水的。傳說，溺斃者的鬼魂會躲在水中，趁人不備時拉扯人腳，無論是惡作劇或抓交替，都可能造成意外。建議水性好的人也不該輕忽。

Q 水鬼與魔神仔的差別？

A 廣義的魔神仔泛指鬼類，然而各種鬼仔和魔神仔還是有所不同。

魔神仔本質上是山精水怪，有些受訪者常將魔神仔和水鬼交錯著談，但人們對兩者的恐懼程度是迥然不同的。我在《魔神仔的人類學想像》中提出：「一般人談到水鬼都會提到水鬼非常危險，或說水鬼是真正『凶』的。」就連國外的人類學研究者，諸如Margery Wolf、David Jordon、Robert Weller等，都觀察到台灣人普遍對於水鬼有恐懼之情。

此外，水鬼和魔神仔與人的關係也不同。台灣民間認為魔神仔多半和人「玩玩的」，捉弄一下而已，而水鬼則要置人於死地，務必抓到人當替身，祂才能夠投胎。在做田野調查時，聽到了非常多形容水鬼之可怕的說法，而這些說法又常常和父母長輩的告誠連在一起。

Q　什麼是「牽水轙」？

A　牽水轙（轙又稱狀）是雲林口湖萬善爺祠於農曆六月初七、初八舉行的祭儀，為台灣規模最大的水難祭儀，也是全台唯一因實際歷史事件而流傳下來的民俗祭典。起初是為了憑弔發生在此地的慘烈海嘯而喪亡的先人，經過代代相沿，成為超度意外身故者的祭典，已被文化部列入重要的無形文化財產。不過牽轙的活動，北部有些廟宇也會舉行，例如艋舺龍山寺和大龍峒保安宮。

轙是道教的牽魂祭器，用竹篾編紮成圓桶狀，糊上花紙，中間有一支長竹竿，以血轙和水轙為常見。前者糊紅色，超度血難亡魂（例如難產）；後者糊貼白色或灰色，超度水難亡魂（例如溺斃）。

簡單來說，祭儀是透過轉輪方式引魂，召請亡魂經聽法接受超度。由法師帶領民眾穿梭一列列水轙，從觸摸到搖動、戳破紙糊的轙身，牽著水轙轉動，將沉淪水中的亡魂，從地獄一層一層牽引上來，以便超度。接著進行倒轙，送走亡魂。再請廟方堆成水轙山，用火點燃，象徵酬謝眾神相助，並且把生者的哀思與悼念升華至靈界。

完整的儀式流程如下：

一、**糊水轍**：早期水轍皆為自製，但因時代變遷改由廟宇道士壇糊製、集體排放。

二、**引靈就位**：由道士迎請萬善祠神像，並主持開光，起鼓後代表法會正式開始。

三、**發表奏文**。

四、**放水燈**：邀引水中孤魂前來接受普度。

五、**放赦**：又稱「走赦馬」，為道士「做功果」的陰事科儀，請求神明濟度赦罪往生者靈魂。

六、**排轍**：於金湖萬善爺廟、下湖港萬善祠排出綿延的水轍。

七、**誦經禮懺**。

八、**起水轍和牽水轍**：由道士誦經，增加往生者功德。

九、**淨筵普施**：邀請往生者前來饗食。

十、**倒轍**：即推倒水轍表示功德圓滿。

十一、**謝壇燒轍**：代表儀式順利完成。

Q 城隍爺為什麼要「暗訪」？

A 在民間信仰中，神明夜間巡視轄區、訪查民情，稱作「暗訪」，主要目的是剷奸除惡、驅除鬼祟，綏靖地方。城隍爺綜理陰陽兩界，除日巡遶境外，也有暗訪活動。城隍爺暗訪通常在誕辰前兩夜，若有天災、瘟疫或事故頻傳，地方不安寧時也會另行安排。

以台北霞海城隍廟的盛況來說，出動了七爺、八爺、牛頭、馬面、文判、武判、陰陽司，以及眾神將，神將的頭後綁上陰神專用的高錢，儼然是陰間地府的展演，提供了民眾對冥間世界的無限想像。

傳統的夜間暗訪，往往充滿陰森而肅穆的氣氛，隊伍行經路線的民宅無不熄燈閉戶，以防煞氣入侵，甚至嚴禁孩童觀看；流傳至今，由於民風轉變，已成了著名的民俗盛會，場面熱鬧而壯觀。

Q 為什麼要祭祀孤魂野鬼？

A 漢人社會普遍會祭祀因各種意外枉死，或是無後、早夭的死者，避免祂們的鬼魂沒有香火供養，而在人間作祟。這種習俗逐漸形成所謂的鬼魂信仰。

我在《媽祖信仰與台灣社會》中說過：「孤魂野鬼的祭拜也不可少，因其關係到地方的安寧甚鉅，故每逢七月要普度，十月謝平安時也常會『普廟口』，隔一段時間有時也必須舉行建醮，最大的目的是在綏靖地方上游移的鬼魂。」

以民俗來說，鬼是無主孤魂，若有人為之蓋廟，眾人祭拜，即可擺脫無祀的狀態，由鬼變「陰神」。閩南人稱祖先為「公媽」，將這些集塚立祠而祀的陰神敬稱為「有應公」、「有應媽」、「百姓公」、「百姓媽」、「大眾爺」，或是客家人說的「義民爺」。因此，陰神和鬼是不同的。但是，與陰神相關的廟宇活動，也多在七月舉行。

需特別一提的是，祭祀陰界神祇的廟宇，例如：城隍廟、地藏庵、東嶽殿、閻羅宮等，這些神明和死後世界的掌理有密切關係，民間的崇祀亦隆。

Q 何謂「共神信仰」？

A 漢人有共同祭拜天地神鬼的文化傳統，稱為「共神信仰」。最基本的是土地公，其次是三界公，再其次是地方守護神，最後是孤魂野鬼。

◆土地公。漢人自古即有社祀，社祀指土

地公，每個地方都有一位土地公，土地公是地頭神，非拜不可。

◆三界公。即天官、地官、水官，合稱「三官大帝」（俗稱天公），是掌管天界、陰界、人界（亦有稱水界）的神祇。民間通常在年初向天公祈福（即上元節）、年中普度（即中元節），年尾謝平安演戲酬神（即下元節），都與三界公的信仰有關。

◆孤魂野鬼。指無人奉祀的遊魂，七月普度的主要對象，俗稱「好兄弟」。台灣各地有很多萬應公祠、義民祠，都是祭祀無主的孤魂，但是一旦立祠祭祀，祂們就已成了陰神。台灣各地神廟常有普度、普廟口，建醮活動也有普施亡魂的儀式，均可見對孤魂野鬼的共同祭祀。

Q 為什麼「做功德」需要「贊普」救濟餓鬼？

A 民俗將喪葬儀禮中誦經修福、召請神佛、布施等超度法事，稱為「做功德」，目的在於幫亡逝親人救濟生前罪業、消災解厄，免受另一個世界的苦難。針對特定亡魂的救度儀式，是「做功德」的核心部分。此外，功德儀禮中，左鄰右舍也會拿普施的供品，來喪家「贊普」，也就是超度亡者的同時，也要普度孤魂野鬼。這是台灣民俗對孤魂一種推己及人的體貼。

我在《臺灣的齋堂與巖仔》提過：施食儀式的對象是一般餓鬼亡魂，而非某一特定的亡魂。在功德儀式中加插施食儀式是體現了慈悲普及眾生的精神，表示佛法的救濟力量不偏限於個別的靈魂，而是具有普遍性的。

Q 普度的由來？

A 農曆七月，除了祭拜祖先，台灣民間會在十五日舉行普度。但是，道教和佛教對普度的由來有不同說法。（如遇閏七月，僅過正七月。）

在道教中，農曆七月十五是地官大帝的誕辰，傳說「地官赦罪」，每到這天地官大帝便巡遊三界，考校大千世界之內十方國土之中的神仙升臨、品匯考限與萬類化生之事，民間稱為中元節，在這天有祭祖並祈求地官赦免祖先之罪的習俗，亦是祭祀一切亡靈的日子。早期地官大帝是掌握五嶽、八極、四維的地祇，後隨著中元節習俗興起，自然神的屬性減弱，漸成為減輕亡魂罪業、超度孤魂的地府神。

在佛教中，佛陀弟子目蓮尊者在農曆七月十五日做盂蘭盆，準備五果供養眾鬼，以解救墜入鬼道的亡母。「盂蘭盆（avalambana）」是梵語，意思是用來救倒懸痛苦的器物。佛教依照《盂蘭盆經》的說法，在農曆七月十五舉行盂蘭盆法會，以供奉佛陀和僧人，濟度六道苦難眾生，及報謝父母長養慈愛之恩；信徒相信這是眾僧閉關悟道的圓滿之期，此時布施十方大德能增福。

無論是盂蘭盆或中元節，最終目的都在於普度眾生，是蘊含慎終追遠與博愛的傳統慶典。

Q 普度公與好兄弟有什麼關係？

A 普度時分成兩邊祭祀，一邊是普度公、一邊是好兄弟。這是因為民間信仰認為，農曆七月在陽間享香火的亡靈都歸普度公管理。

普度公又有面燃鬼王、焦面大士、焰口鬼王、大士爺、大士王等不同的名稱，祂的樣貌形象通常是頂生二角、青面獠牙，高大威武，頭上有一尊觀世音菩薩。祭祀時，通常將普度公的畫像、塑像或紙紮神像放置在供桌前，祈求順利。

關於普度公的身分有不同說法：在佛教中，稱普度公為「面燃大士」，顧名思義，就是面容像被火燒焦一般，這是觀音菩薩刻意化身惡形，讓佛陀弟子阿難體悟人生無常；另一說法是，普度公原為諸鬼首領，受到教化而皈依觀音菩薩門下，成為護持中元普度的神祇。

Q 普度為什麼分「家普」和「公普」？

A 整個農曆七月都是鬼的假期，初一鬼門一開，鬼魂不必待在陰間受苦，能夠到陽間來享祀。此時，民眾在自家門前舉行的普度，稱作「家普」或「私普」；而地方社區辦的叫「公普」，依主辦單位規模的不同，有「聯普」、「大普」，公司行號辦的叫「行業普」，由寺廟主辦的稱「廟普」。

孤魂野鬼必須仰賴公眾祭祀，因為不可能憑一家之力就使好兄弟得到超度，於是普度也就成為庄社之事。每逢中元，或七月中擇一日舉行「公普」，已成為台灣普遍的習俗。為了確保更大範圍的潔淨，更有聯合數庄，或在社區、鄉鎮、市區內舉行的普度。例如：各姓宗親會輪流主辦的基隆中元祭，以及往昔台南、彰化、鹿港等地有各庄輪日普度、彼此宴客的舊俗。

台灣民俗認為，普度孤魂應以周到至上，不宜遺漏。因此，有些地方整個七月逐日輪流在各庄普度，直到最後一天市場的攤商舉行「市仔普」。市仔普除了普度地方孤魂之外，也普度為了普度而犧牲的雞、鴨、魚、豬等動物生靈之魂，祈求牠們早日超生，來世免受割烹之苦。

Q 為什麼要「建醮」？

A 建醮是民俗中的集體祭典，也與鬼魂信仰有關。有句俗話說：「立冬之後打大醮。」建醮多集中在冬季舉行，在台灣以祈安醮、瘟醮、慶成醮、中元醮、水醮、火醮較常見，而其中為水災、火災死者祈福的水醮和火醮，通常附屬於祈安或慶成儀式。

建醮必須豎立燈篙，象徵對神祇與鬼魂明示。中部廟前的燈篙分陰陽兩邊，左邊對天界神祇、右邊對孤魂野鬼。南部的燈篙數量則以三、五、七、九不等，一樣分天地人，天在中間，上掛天燈及玉皇旗和三清旗，左為地，上掛七星燈，右為人掛主神燈和主神旗。儘管祭神的儀式較多，而且神祇中央最高竿會懸掛天燈；醮祭期間，醮域內的全體居民需茹素禁屠，市場也禁售魚腥葷，直至醮期最後一天才「開葷」，普施孤魂。

我在《祭祀圈與地方社會》也提過：「醮域的產生其實是為了在一定的範圍內潔淨地方，務使孤魂在飽受招待之餘，遠離醮域，勿要停留，免為後患。」此外，也請儀式專家書寫孤魂榜，從孤魂榜中，我們得以窺見民間對於孤魂的認知和印象。

Chapter 11 外國鬼

台灣在大航海時代躍入世界歷史的浪潮，便開啟了與異國文明交會的漫長旅程。荷蘭人、西班牙人、日本人……一波波來自遠方的足跡踏上這座島嶼。人來了，又走了，留下語言、宗教與建築，也留下不散的身影與傳說。於是，我們在台灣，不只與人相遇，也與來自異鄉的「鬼」擦身而過──那些異國幽魂，如今仍在歷史的縫隙中低語。

經過深夜的玉里兵營時傳出日語點名聲，我無意識回頭一看，整排無臉日本軍人對我立正敬禮。

File 01

晚上看到斷手斷腳的日本兵

報導人：胡先生
採訪時間：二〇一二年三月下旬
採訪地點：南投縣草屯鎮
採訪記錄：林美容

胡先生說他爸爸十幾歲即向林務局「包山」，主要是割牧草，以便讓樹木可以順利生長。他爸爸說以前在信義鄉山上，八通關古道中間的路段，跟一些林務局的人一起工作，晚上就會有人看到鬼，說那些鬼有斷腳，也會在半夜聽到一些鏗鏗鏘鏘的聲音。他八字比較重，不怕這些，有些人就很害怕。看到的人說這些鬼穿著軍服，推論看到的是日本兵的鬼魂，應該是日本時代跟原住民打仗，戰死在當地，所以才斷手斷腳。

File 02

錨鍊艙晚上聽到有人在說英語

報導人：某計程車司機（男，四、五十歲）
採訪時間：二〇一二年三月下旬
採訪地點：頂溪捷運站到世界宗教博物館途中
採訪記錄：林美容

因為快要遲到，就叫了計程車，司機是雲林虎尾人，問他有沒有聽過關於魔神仔的故事，他說他都不信這個，但他還是說了兩個鬼故事，一個是在家鄉虎尾，一個是他在高雄當兵時。

他在高雄當海軍，那艘船是美軍送給台灣的，那時同船的隊友都說錨鍊艙（chain locker）那邊，晚上常常聽到有人在說英文，傳聞是因為二次世界大戰時，美軍在那裡死了很多人。錨鍊艙是船停靠時，下錠於水底固定船艙、有鉸鍊的地方。但這位載我的司機先生說，他那時很鐵齒，曾經下去察看也沒看到什麼，只有一些油漆桶在那裡而已。

File 03

美國的洋朋友過世，用電子郵件發出哀嘆訊息

報導人：周教授（台大歷史系）
採訪時間：二〇一七年十月上旬
採訪地點：LINE 電話訪談
採訪記錄：林美容

周老師說他有一位美國朋友喜歡研究超自然，因為得去圖書館才能寫 email，周老師就買了一台電腦給這位朋友。通起信來，大部分講的都是一些靈異的事情，他也不置可否。後來通信當中，他朋友那端發出來的信息都是哀嘆聲的字母，沒有內容。他想說奇怪，會不會是電腦中毒了。最後他寫了一封信，寄去美國，問到底怎麼一回事，一個多月之後，收到一封回信，是他朋友弟弟回的，說他哥哥在半年前過世，是一種肝臟病變，很快就過世。很奇怪，先前也沒聽說有病。他弟弟說不好意思，拆了哥哥的信，因為他知道哥哥常在房間裡寫信給在台灣的周老師，所以他覺得應該要回信。我跟周老師說，故事是有一點嚇人，但是就是一種 say good-bye，電腦是你們之間的重要聯繫，他只能用這種方式跟你 say good-bye。

File 04

玉碎了，是爲主人消災

報導人：玉店店員
採訪時間：二〇一七年九月底
採訪地點：台北市忠孝東路五段某玉店
採訪記錄：林美容

去永春站旁的店家保養玉，女店員跟我說了一位日本客人的故事。該客戶是一九七六年出生，體質比較敏感，因喜歡台灣而旅居在此。他說有一次去朋友家，看到一個小孩，便問說：「家裡有小孩嗎？」朋友說：「沒有。」後來才欲言又止地吐露前兩個月有小孩過世。他還說，有一次在日本的車站，看到一對老婆婆跟小孩，那老婆婆瞪了他一眼！很大聲地問：「為什麼看得到我？」之後就跟著他回家，纏了他好一陣子，直至他戴的一條玉項鍊突然掉在地上碎了，鬼附的情況才結束。有時玉會斷了、碎了，就是為主人消災。

【新聞事件】

神主牌漂到屏東，漁民為日本亡兵建祠

事件時間：一九九二年七月／事件地點：屏東／資料參考：《自由時報》

枋寮鄉民張溪發夜間到海邊打撈蟳苗，當網子撈起「樋口勝見」的神主牌時，立刻扔回海裡；沒想到連續三天撒網都撈到牌位，他請教過長輩後，決定不再丟棄。

從神主牌中找到樋口勝見的日本地址，張溪發透過友人幫忙調查，得知：他是日本福岡縣人，二戰時是日本海軍機關兵，在雷伊泰灣海戰被配入航空母艦瑞鶴號，遭美軍攻擊，全艦陣亡。後來日本政府帶著家屬到海戰地點，舉行聯合海祭，弔慰忠魂，祭祀過後將供品與神主牌拋入海中，經七年漂流到台灣。

張溪發擲筊問樋口勝見的意願，筊杯顯示祂要留在台灣跟隨觀音佛祖修行，請示觀音佛祖同意後，就在龍安寺前蓋一座先鋒祠，將樋口勝見的神主牌，以及家屬贈送的海軍服照片，一起供奉在祠中，後來信徒雕塑了一座金身，成為充滿傳奇性的日本兵台灣神。

Q 日本神主牌就是「卒塔婆」嗎？

A 祖先的牌位在日文中，寫作「位牌（いはい）」。有別於台灣將公媽牌放在廳堂的桯架桌上面，日本的位牌是放在以黑檀、黑漆和金箔製成的「佛壇（ぶつだん）」裡。

至於「卒塔婆」（そとうば），是指寫有「南無阿彌陀佛」名號的牌子。日本人認為將卒塔婆插於墓地，具有念經超度的效果，因此，他們每年繳付一筆錢請寺院代為打理先人墓地，也會寫一塊新的卒塔婆，就像年年都有人念經一樣。在日本佛教的概念中，祖先的供養需倚靠寺院的力量，過世的人會慢慢淨化「成佛」。（此處為日蓮宗說法。）

Q 真的有「背後靈」嗎？

A 雖然民俗中沒有「背後靈」一詞，然而，有靈體在我們背後跟著卻是可能的，包括：

祖靈在背後保護，或是其他靈體來討拜、討超度，甚至是為了要跟著人一起修行。

Chapter 12

竹篙鬼

竹篙卽竹竿，竹篙鬼（tik-ko-kuì／tik-á-kuì）是很特殊的鬼類。雖是尋常物事，卻因其易聚陰，被視爲能招引靈體棲附的陰性之物。由此孕育而生的「竹篙鬼」，並非如山精水魅那般源自自然靈氣的幻化之靈，而是埋怨難散、寄身於竹篙之上的冤魂化身。祂們以竹爲器，潛藏於水邊暗處，靜靜等待一場命運的替換。

她撿起溪邊那根斷裂的竹子，沒注意到裡頭塞滿鮮紅內臟，下一秒，一隻血手從竹節裡猛然探出抓住她的臉。

File 01

遇到竹篙鬼解困的方法

報導人：陳老闆娘
採訪時間：二〇一〇年十二月上旬
採訪地點：中研院附近餐廳
採訪記錄：林美容

這是餐廳陳老闆娘在讀國小時，聽她父親說的故事。她父親說山林中常會碰到竹篙鬼，長得又高又長。碰到竹篙鬼的話，要馬上蹲下來，用腳指頭去拔地上的草，用手把草一小段一小段捻掉，如此一來，鬼影就會越來越小，直到消失。大人常常告誡小孩子，不要到山裡去，否則會碰到竹篙鬼。如果碰到的話，不要驚慌，也不要跑掉，照著上述的方法應變就可以了。

File 02

魔神仔怕菸

報導人：湯主委
採訪時間：二〇一一年二月上旬
採訪地點：花蓮市延平王廟
採訪記錄：翁純敏

湯主委說了很久以前他祖母碰到竹篙鬼的親身經歷：

以前我們回家的路上，有一片老竹林，有一天傍晚阿媽要回家時，看見竹林裡很大的一欉竹子居然倒在地上，攔住去路。阿媽想鑽過去，竹子又好像要壓下來的樣子，她眼見竹子壓低了，心想那不然跨過去好了，誰知竹子又回彈跳起來，讓她進退不得。

後來她想起人家說魔神仔怕菸燻，索性乾脆不走了，在路旁抽起菸。沒想到菸抽完，原本倒在地上的竹子居然恢復原狀，阿媽才平安回到家。

（花蓮十六股老居民林先生也說竹篙鬼怕菸。）

File 03

竹子鬼

報導人：詹阿媽、阿華阿姨（詹阿媽姪女）
採訪時間：二〇一一年九月下旬
採訪地點：南投縣名間鄉
採訪記錄：李茂志

阿華阿姨說她有一位叔公的茶園邊，有一個不是很大的水塘，前面有一欉刺竹。晚上「翻點」（過十二點）之後，約一、兩點時，或是烏陰天十二點多左右，那欉竹子會彎到路上，等待路人經過，倘若路人真的跨過去，竹子就會彈上來，害人受傷。

阿華阿姨說這好像是竹子鬼，如果直接跨過去就會有事情，如果誠心跟祂說抱歉，說明自己一定得要從這裡經過，這樣就沒事。如果不這樣說，人就會被彈到空中。有些人不知道就跨過去了，結果不是發生事情就是被彈上去。

詹阿媽說下雨天或是陰氣沉沉的天氣，因為沒太陽，陽氣比較不足，就容易發生奇奇怪怪的事情。現在樹林都被砍光了，陽氣比較重，沒有那麼陰森，也比較沒有這些東西。

File 04

與竹有關的鬼

報導人：吳先生
採訪時間：二〇一二年五月上旬
採訪地點：李家愷家裡
採訪記錄：李家愷

小時候住在現今桃園市觀音區樹林里的吳先生說，他有聽過竹竿鬼，他形容，就像竹子一樣，很高、很長。他曾聽一個叔叔在講，竹竿鬼會跟著人走，在人後面叮叮咚咚地發出聲音。還有以前竹子編成的那種穀倉，體積很大，那也有鬼，說是會一直滾過來壓他，叔叔怕得拔腿飛奔。吳先生小時候聽了覺得很好笑，直到現在還印象深刻。

File 05 花蓮豐田竹仔鬼、南投赤水竹篙鬼

報導人：黃先生、陳先生
採訪時間：二〇一三年一月下旬
採訪地點：花蓮縣吉安鄉
採訪記錄：李茂志

黃阿伯說在花蓮豐田有聽過「竹仔鬼」，晚上會看到穿白衣服的站在竹叢最高的竹尾上。一旁的陳阿伯補充，在南投赤水（古名井仔頭），那裡有大小兩個水窟，他小時候有聽過赤水出現竹篙鬼，有時候路邊的竹叢會有幾根竹子快垂到地面，如果直接跨過去，竹子就會像機關啟動一樣快速彈回去，跨過去的人就會被竹子吊起來或是彈飛。

File 06

研究院路以前有竹篙鬼

報導人：詹先生（九十幾歲）
採訪時間：二〇二五年二月下旬
採訪地點：胡適庭園附近公寓
採訪記錄：林美容

詹先生一九五二年就進了台電，專門用木頭削成電線桿，是老師傅了，一直做到一九九四年才退休。

他說了一個像是竹篙鬼的故事：研究院路原來是一條運送塗炭（thôo-thuànn）的路，有些地方路旁都是竹子。以前有個大家都知道的不太正常的人，常常一個人走來走去，有一次他走在路上，突然竹子橫倒，擋住路面，好像不讓那人走路一樣。

【新聞事件】

直播招來「竹竿鬼」，超清晰！

事件時間：二〇一九年三月／事件地點：台灣某深山／資料參考：《東森新聞》、《緯來綜合台》

藝人無尊主持外景節目《逃跑吧好兄弟》被網友封為「新鬼王」，時常碰到難以解釋的狀況。沒想到在直播的過程中，疑似招來「竹竿鬼」一起湊熱鬧，嚇得網友紛紛驚呼，「也太清楚了吧」、「看起來好像不只一位……」

主持人回憶起當天的探險過程透露，才剛開拍沒多久，就聽到竹林裡傳來一男一女的對話聲，「不過只有幾個字，聲音很像從老舊收音機裡發出來的，有點雜訊」，竹子同時更不斷莫名晃動，彷彿有人刻意撥動。直到他們開始現場直播，竟有眼尖網友捕捉到鬼入鏡的畫面，而且五官看來相當清晰，讓現場眾人看完瞬間全身雞皮疙瘩，並考慮是否要先停止錄影。

Q 竹篙鬼究竟是鬼還是怪？

A 竹篙即竹竿，竹篙鬼（台語也稱為「竹仔鬼」）是很特殊的鬼類。台灣民俗認為竹子是屬性較陰的植物，容易招引鬼魂的藏附。所以，竹篙鬼和山精水怪不同，並非竹子的化身。

另有一說，若有人用竹子上吊身亡，鬼魂會纏繞著竹身，靜待路過的人來抓交替。在田野調查中，發現竹篙鬼比較像調皮鬼，喜歡惡作劇，例如，路邊的竹子無預警倒下，用竹刺刮傷路人；或者當路人直接跨越橫擋在路中的竹子時，竹子突然強力反彈，弄得人仰馬翻，甚至把人懸吊在空中，讓人動彈不得。

方梓在《采采卷耳》一書的〈歹竹與尤物〉，描繪了竹篙鬼的舊事。而名家鄭清文為其撰寫的推薦序〈玉合鼎鼐〉中更寫到：「竹的記憶是和竹鬼連在一起的。竹鬼，也就是竹篙鬼，竹竿鬼。台灣許多地方都有竹篙鬼的傳說。我姊夫的父親說他碰過竹篙鬼。他深夜從鄉間小路經過，路邊的竹突然咿呀、咿呀的倒了下來，橫在路上，人不能跨過。人一跨過，竹子就咿呀、咿呀的把人吊上去，懸在空中。」

Q　遇鬼的解除模式？

A　天地間到處都有鬼，卻不是每個人都見得到鬼；再說，鬼屬於陰邪之氣，而人本身自帶陽氣，實在沒有必要自己嚇自己。

在日常生活中，我們隨身攜帶玉佩、平安符、佛珠之類，即可護身避邪。就民俗上來說，這些護身物最好能到正神之廟過火，求得神明的神力護佑；建議最好不要隨便購買來路不明的佛牌或唐卡。

另外，有些遇鬼時的應對指南，例如：在偏僻的地方邊走邊誦念經文，鬼魂就不敢近身；萬一遇到鬼時，只需發出咳嗽聲，鬼魂就離開了；若是遇到竹篙鬼，低身撿拾路邊小草，一段一段捏掉，竹篙鬼就消失了；遇到鬼打牆時，撒泡尿即可解除……這些都是民間流傳的方式，有效與否，實在無法驗證。

Q　鬼仔古發生的背景都在鄉野嗎？

A　無論都市或鄉野都有鬼仔古！

鬼仔古需要透過人與人的傳播，而人是流動的，其活動空間遍及各地，並不限於都市或鄉野。例如，我在進行田野調查時，受訪者也是來自四面八方。
再者，都市人的生活步調匆忙，缺乏對土地的歸屬感，和鬼魂茫茫渺渺的情境相似。
因此，鬼仔古並非只是鄉野產物，舉凡老都市、老社區、老地鐵……都累積了很多故事，尤其是都市中也有人煙稀少的偏僻地區，總是給人無限的想像空間。

Chapter 13 搗蛋鬼

人與鬼共處，難免添了些無形的重量。農曆七月，諸多忌諱如風中細語，是歲時流轉中對陰陽有別的低語提醒。若無妨於人，亦不傷於己，何不心存幾分敬畏，寧可信其有，讓舉止多些分寸，讓平安伴隨身側。

黃昏時分，村口大榕樹傳來嬉鬧聲，轉眼一看，一群小孩正倒吊在樹上玩丟頭顱的遊戲。

File 01

煮飯的時候，鬼來捉弄，因爲以前崩山死了很多人

報導人：陳先生（南投人，現住花蓮）
採訪時間：二〇一三年一月下旬
採訪地點：花蓮吉安三角市場
採訪記錄：李茂志

陳阿伯說小時候（一九五四至一九五七年間）住在花蓮林田山，他的父母親在林田山工作。聽說當時在林班地砍樹的工人，中午聽到山上煮飯阿姨叫吃飯的時候，工人都不去吃飯，只吃自己帶的便當。那時煮飯的阿姨做沒幾天就不做了，因為每次煮飯都會被鬼捉弄，飯裡都會有沙子或是樹葉，也不知道是什麼原因。

後來聽說在那林班地曾經發生過崩山（pang-suann）事件，死了十八個人。

File 02

司法院電梯裡，看到穿清代服裝的一男一女

報導人：楊先生（九十多歲，曾任司法院長司機）
採訪時間：二〇一八年三月底初訪、四月初補訪
採訪地點：信件與電訪
採訪記錄：林美容

楊先生寄來一封手寫信，說他看到聯合報有關我研究魔神仔十年的報導，因而寫信給我，大致描述了他在工作的地方看到鬼的故事。我收到楊先生的信之後，打電話去問了，綜合信件和訪談的內容如下：大約一九九六年，中午到下午一點左右，那時他在司法院擔任林洋港院長的司機。楊先生要搭電梯，看見裡面有穿清代服裝的一男一女，他看得很清楚、仔細，女的穿繡花鞋，插銀簪，男的頭上好像釋迦頭，頭上有一粒一粒的東西，頭髮結辮，頭髮上都起毛球，就像活人一樣。因為是大白天，他也不以為意，最初他以為原住民要去拜訪院長。他要進電梯，先禮讓他們出來，看他們走出來之後，還跟幾位大法官擦身而過，但一下就不見人，他覺得奇怪，就跟著去看個究竟，到了一樓問法警有沒有看到這兩個人，法警說沒有，結果在一樓的一個盆栽看到有兩個小菩薩，他說像布偶一樣，放在盆栽裡。

幾個月之後，中午休息的時候，聽一位二十幾歲小弟說，有一次，副院長的女秘書，從四樓要下樓，電梯卻按不開，就把小弟叫來，小弟按開電梯之後，陪這位女秘書下樓，他說他在電梯內看到兩個穿清代服裝的人，也是一男一女，他描述的樣子跟楊先生先前看到的一模一樣，這時楊先生才知道看到的是魔神仔（他是用魔神仔一詞，當然這是鬼故事）。他說這位小弟現在也住在研究院路，目前將近五十歲，在松山一家廟當廟公，他會看到一些東西。他說司法院還有另外一個女的，也會看到東西。當時這位副院長的女秘書卻什麼也看不到，毫無所覺。這位小弟並不是事情一發生就跟楊先生說，是有一次中午在休息聊天的時候講到。

我問，這件事情之後司法院有沒有發生過什麼事情，他說，在那之後的一段時間，有一個女的從司法院大樓跳樓自殺。他還說，司法院中庭是日本時代行刑的地方。

File 03

家中兩個陰魂長住，後來被引去陰廟修行

報導人：許助理
採訪時間：二〇二五年三月上旬
採訪地點：南港車站餐廳
採訪記錄：報導人整理

過去我家是農田，後來在民國七〇年代經濟起飛時，建商逮到賺錢機會，將那片農田變成一幢幢的房子。當時建築法規較不完備，人們為了擴大生活空間常會將居住範圍往旁邊的空地發展，俗稱違建。於是，長輩圍起後面的空地，將其興建為生活區域，其中便包含一個給我姊的房間。過了三十年，我姊搬離家中，該房間便閒置下來。

某天下午，我媽到我姊的房間睡午覺，半夢半醒之間，覺得有人在戳她的胸口，讓她有點害怕。我聽了之後感覺好像有點什麼事情，於是我到家裡常去的大廟向保生大帝請示，詢問是否有靈體在捉弄我媽，得到聖杯。那時，恰巧我爸有個工作業務上的介紹人，得知此事，表示他有通靈的體質。來我家洽公時，走到靠近廚房的位置（廚房與我姊的房間只隔一道牆），開始嘔吐，指著廚房說：「在這裡。」他表示在中部某間廟宇他有認識的人，可以請團來幫我們淨化家宅。隔了沒多久，浩浩蕩蕩來了一整個遊覽車的人，抬著該廟宇的神

像到家裡淨宅，衝完家裡後在家門口燒金紙，整個儀式宣告結束。然而，在過程中我一看到燒的火與煙並不暢旺，就覺得有點不對……

過了一陣子，媽媽在同一個房間睡覺，還是覺得有哪裡不對，卻又說不上來，於是我又到廟裡請示保生大帝，保生大帝指示，「祂們並沒有離開。」在苦思解決方案時，我突然迸出一個想法，想起之前在雜誌上曾看到有一位藝人因為罹癌擔心身體狀況，而去北部某間廟宇找三太子問事。當時三太子向他說：「你不會死啦！」令我印象深刻，因此得知那邊有個乩身非常有名。加上自己也有去問事過，決定向三太子求助，並說明原委，三太子指示：「下禮拜你帶你媽媽來，不用排隊。」

過了一個禮拜，我帶著媽媽去找三太子，三太子說：「我已經去你家看過了。」又說：「你家後面有兩個原來就在那邊修行的，是你們把祂們圍進去家裡的。」我對此相當驚奇，我原以為只有一個，沒想到竟然有兩個。三太子接著說：「祂們沒有惡意，只是要捉弄你媽媽而已，這幾年祂們還有幫你們家賺到錢。但如果再繼續在你們家，對你們家還有祂們都不好。我剛剛問祂們要不要去囡仔仙那邊修行，祂們說不要，祂們要去東北角某陰廟修行，你們等我一下，我去跟那邊的神明講一下。」過了一陣子，三太子說道：「我已經講好了，你們照我說的做就可以了：『某日正午，你們在廚房放一杯水然後關上門，放一個小時後，將水杯用紅紙蓋起來並綁上橡皮筋。請祂們上車，出發前你們先到家附近的土地公，跟土地公說明事情原委，說明祂們二位想去該陰廟修行，請土地公借道。拜完後，你們就驅車前往，上橋過橋都要記得提醒，等到了廟宇後，將水杯上的紅紙拿開，放上供桌，向神明說明清楚並燒完香後，就可以將那杯水潑在廟埕上。』」到了當日，我們一家照著三太子的指示完成上述流程後，我跟家人也就放心回家。

過了幾天，我再度詢問保生大帝並擲筊，問說我們家的好兄弟是不是已經順利去修行了，得到了聖杯，事件宣告結束，功德圓滿。

【新聞事件】

鬼月「裝鬼嚇人」民俗專家：冒犯「好兄弟」會惹禍上身

事件時間：二〇二四年八月／事件地點：彰化／資料參考：《聯合新聞網》

農曆七月「鬼月」，人們對鬼特別忌諱，但彰化縣員林市兩男子竟然半夜扮女鬼嚇人，還開直播、衝流量，被員林警方依違反社會秩序維護法函送法辦，不過，民俗專家說，鬼月「裝鬼弄人」的報應不只如此，建議這兩名男子趕快去做善事，以免惹禍上身。

員林市廣寧宮斜對面的路口邊，今年中元節前一天即十七日凌晨一至兩點，出現有人假扮的女鬼，身穿白衣、披頭散髮、嘴裡故意吐出超長假舌頭，另一人則負責掌鏡開直播，衝網路流量。員林警方依網路流傳的影片，調閱路口監視器，找到扮鬼的張男（四十歲）和拍攝影片的曹男（三十五歲），訊後，昨依社維法函送簡易法庭偵辦。

鬼月期間，諸事不宜，一般大廟都「息鼓封鐘」，為的是不驚動鬼魂，竟然還有人「裝鬼弄人」，造成恐慌，實在要不得，這分明是在挑戰及冒犯「好兄弟」，一定要為自己的「白目」付出代價，惹禍上身。

Q 鬼月禁忌可信嗎？

A 民間傳說，地藏王菩薩農曆七月開鬼門，讓眾鬼到人世間享祀，就像度假一般；但是，對人們來說，與鬼共處，難免增添無形的壓力。為了出入平安，這段期間的忌諱特別多。在無傷大雅的前提下，我們何妨抱持「寧可信其有」的態度，謹言慎行。

常見的鬼月禁忌有：

◆忌說「鬼」字。
◆忌將筷子插上飯碗（腳尾飯）。
◆忌半夜晾衣。
◆忌出遊戲水。
◆忌踩冥紙。
◆忌半夜回頭或亂拍別人肩膀。
◆忌狀況不好時到醫院探病。
◆忌半夜拍照。
◆忌吹口哨。
◆忌屋內開傘。
◆忌撿路上的紅包。

Q 鬼月潛規則：不能說「鬼」字？

A 人們對於未知事物本來就顧忌三分，日常裡習慣用其他代稱來避諱「鬼」字。到了農曆七月鬼門大開時，更是如此。試想：任意把「鬼」字掛在嘴邊，豈不就像一直在呼喚祂們一樣？容易引起注意甚至跟上。特別是在普度時，口無遮攔也是一種對鬼神的失禮。且民俗上，認為言語具有召喚之力，「說出口，就會成真」，因此寧可用其他詞代稱。

Q 鬼月潛規則：筷子不能插在飯裡？

A 將筷子垂直插入飯碗裡，看起來就像是為往生者準備的腳尾飯，既不禮貌也不吉利；而且外形也與插了香的香爐相似，特別是在鬼月裡，很容易造成好兄弟的誤會而前來分食，恐導致家中運勢低落、做噩夢、身體不適等。

Q 鬼月潛規則：晚上不能洗晾衣服？

A 濕衣服招陰，在農曆七月鬼放假時，正好迎合好兄弟的喜好；也有人說，濕衣服會黏著游離電波，就像設陷阱抓鬼，若在太陽下山後收衣服，也會把依附在上頭的好兄弟帶進屋，自找麻煩。

此外，衣服外觀和人的影子相似，隨風飄動時，就像飄浮在半空中，在鬼月晚上容易發生「人嚇人，嚇死人」的情形。何況夏季潮濕悶熱，最好趁著有陽光時徹底晾乾衣服，以免沾染濕氣而產生霉味；更實際的是，以前台灣社會多為鄉村，電力不足，晚上洗晾衣服容易發生意外。

Q 鬼月潛規則：屋內不能開傘？

A 在民俗中，傘是屬於收魂的法器，換句話說，也是鬼魂躲藏的地方。農曆七月鬼門開，陽間到處是鬼魂，無論在戶外撐傘遮陽或擋雨時，容易有靈體攀附在傘下；回到室內時，再度把傘打開，猶如將祂們從傘內釋放出來。

Chapter 14 新亡的魂

自往生至出殯，乃至七七四十九日，皆爲「新亡之魂」徘徊未定的時刻。或尚不自知已逝，仍在人世間依依不捨，或已被冥府召引，踏入陰間的審判之門。民間信仰深信，亡魂入地府後，將歷經閻王對其生前善惡一一清算，依據因果輕重，裁定其魂歸之所：是下地獄受罰贖罪，或入輪迴之道，靜候轉世爲人。這段時間，是陰陽交界最淒清之際，亦是生者與亡者最難割捨的最後餘溫。

靈堂夜深人靜，一隻黑貓跳上棺木喵喵低叫，棺蓋內竟傳出輕輕回應的敲聲，一下、兩下、三下。

File 01

出殯日，看到已過世阿公

報導人：李小姐
採訪時間：二〇一〇年十月中旬
採訪地點：花蓮慈濟醫院眼科診間
採訪記錄：林美容

今天下午第二階段眼科檢查的時候要點麻藥，是李小姐幫我服務的，點了麻藥以後，德傅師和李小姐聊天，提到說我在研究魔神仔，李小姐馬上就回應，說她從小就能看到鬼，也難免會害怕，但跟家人說，家人都看不到，也不相信她。她有一次看到一些矮矮小小的鬼，像小孩子一樣跳來跳去。

高中畢業後，大約二十多歲時，她阿公過世，正在往火葬場行進途中，他們坐在遊覽車，抬棺材的車經過旁邊，她看到一個人正襟危坐，穿藍色衣服，手扶在棺材上。她跟家人說，但父親說並沒有人穿藍色衣服，後來她才知道，那位穿藍衣的老人正是阿公。自從那次以後，她就沒有再看到鬼，之後，她外公過世時，她本來想說會不會像看到阿公一樣看到外公，結果也沒有。

File 02

奶奶晚上看到剛過世的爺爺回來

報導人：鄭教授（師大國文系）
採訪時間：二〇一二年三月下旬
採訪地點：師大附近餐廳
採訪記錄：李家愷

我的奶奶跟我說，爺爺過世下葬後，約整整一個月，她晚上去上廁所，都看到爺爺一如往常，坐在他生前最喜歡的那張藤椅。她知道是爺爺回來了，不會害怕，因為是親人嘛！奶奶說爺爺整個晚上都坐在藤椅，整整一個月後才漸漸不再出現。

File 03

剛過世的爸爸變成蝴蝶回來了

報導人：黎小姐（中研院員工）
採訪時間：二〇一二年四月中旬
採訪地點：中研院附近餐廳
採訪記錄：李家愷

我是客家人，老家在新竹關西。不久前爸爸過世，我們把棚子搭在離老家有一段距離的空地。在辦喪事的期間，我們全家人都發現有一隻翠綠色、很漂亮、很大、翅膀呈現水滴形的蝴蝶出現，我們從來沒有看過這種蝴蝶。牠在喪事期間一直停在棚子的梁上，偶爾還會停在我爸爸的棺木上。除了這隻，還有

另外一隻，比較小、灰色的蝴蝶，每到晚上都會出現在家裡，還會飛進我爸爸的房間。蝴蝶飛進家裡很罕見，我們也只有辦喪事那段期間才看到。就在要出殯的前一晚，那隻灰色的蝴蝶還從我臉旁輕輕掠過，彷彿親人的手輕輕地拂過，讓我感覺很溫暖。而這兩隻蝴蝶在爸爸出殯以後就再也沒出現了。

File 04

守靈中看到祖母

報導人：陳老闆娘
採訪時間：二〇一二年六月中旬、二〇一二年七月上旬第一次補訪，二〇一三年三月中旬第二次補訪
採訪地點：中研院附近餐廳
採訪記錄：林美容

老闆娘的婆婆是五月二十九日過世，之前約一週住在另一個兒子家，早上照常起來運動，突然身體就不舒服，自己穿戴好衣服，說要去醫院，送去三總說是腦血管破裂，一連串緊急救治。她後來執意要回家，當時醫生說大約還有三、四天，她交代要在南港這裡往生，因此把她送回這裡，她兒子很孝順，也很懂得送終之道，貼在她耳邊說了一些他母親所做的好事（他說人死之前，耳

根是最後斷），讓她覺得安慰、平靜，只見他母親人中的部位跳動了三下，就斷氣了。

因為找不到日子，要到七月之後才出殯。老闆娘說，婆婆的三旬（查某囝旬）其實做了兩次，一次是道士選日子，在她家做，第二次是住在平鎮的小姑，有傳承道教龍門派的科儀，所以在平鎮那邊她主持的鎮鳳宮搭壇做。第一次在南港喪宅做的時候，老闆的妹妹，全部用全真龍門派的儀式，有十七個人穿全真的衣服來幫忙誦經，是用國語唱頌，聽得很清楚。不像請來的師公，唱什麼都聽不清楚。這位小姑完全不吃祭祀過亡者的東西。第二次在平鎮做三旬的時候，儀式還在進行中，約下午兩點，老闆娘的大兒子就看到阿媽了。那時她大兒子坐在家裡靈堂邊，突然看到阿媽穿戴整齊，穿了一件黑透紅（豬肝色）的衣褲，身體氣色都很好。老闆娘打電話問弟媳，才知黑透紅的衣褲是婆婆入殮時的衣著。她說這實在是很神奇的事。老闆娘說這套壽衣是當初她婆婆在七十歲時自己買的，一直寄放在她那裡，說自己以後要穿這套壽衣往生。她還交代老闆娘有空時要拿出去曬，但老闆娘都沒曬，只有看過婆婆自己曬過一次。

老闆娘說除了三旬，五旬時她婆婆也有回來。那次是亡者的一個孫女（老闆弟弟的女兒）看到的，那時兒孫們都在，這位孫女說看到阿媽站在眾人後面，臉帶微笑地看著子孫在祭拜她。我問為什麼是她看到，老闆娘說可能她婆婆比較疼這位孫女吧。老闆娘說，在做旬時若子孫沒有先跟婆婆燒香呼請就擲筊，鐵定沒筊。老闆娘說她婆婆非常注重禮貌，生前就喜歡見到兒孫跟她打招呼，過世後也是一樣的個性。老闆娘說若人生前沒犯什麼罪，那麼回來時就很自由自在，但若是有犯罪，那過世後立刻就會被抓去地府。

File 05

亡逝父親夢中爲他戴喪帽

報導人：賴先生（傳承父親符仔法）
採訪時間：二〇一二年八月上旬
採訪地點：中研院民族所林美容研究室
採訪記錄：林美容

今天是民間信仰討論會的日子，下午賴同學來我研究室。他父親過世後，大媽都沒告訴他相關消息，家裡有些遺產糾紛，辦完這些事後，有一天夢中，他在處理一個求助者的問題，不知道為什麼，符仔催下去時雖然有效，但一下子就又失效，令他百思不得其解。結果他亡逝的父親在夢中跟他說，這還不簡單，用「草投」（台語，孝男於服喪期間所戴的喪帽）就可以了，說著他父親就拿了一個喪帽往他的頭上蓋下去。

賴同學覺得此夢另有深意，應該是冥冥之中，他父親認為他已有戴孝，在夢中顯靈表示肯認。

File 06

坐在靈堂一角，一直聽到嗡嗡嗡的聲音

報導人：陳老闆娘
採訪時間：二〇一二年九月上旬
採訪地點：中研院附近餐廳
採訪記錄：李家愷、林美容

今天中午去餐廳吃飯，跟老闆娘聊天，聊到去屏東訪問，友人拜神時，耳朵突然有嗡嗡聲的異常感覺。老闆娘就說，前不久她婆婆過世時，也曾發生類似的事情。老闆娘說婆婆快過世之前，從醫院送到她家來，大約中午時分，先用椅條上面放木板，把婆婆放上去，她的頭大概在餐廳懸掛心經掛軸處，腳朝外，人要走的時候都要這樣，腳要朝外。在木板上放了四五天，才入棺，還好

入棺之前就有用乾冰，遺體並未變形或流血水。入棺之後，往內移到靠電視櫃的地方。辦喪事期間，老闆娘兒子曾坐到那個她婆婆斷氣的位置，兩耳就一直聽到嗡嗡嗡的聲音，還頭昏昏、想睡覺。老闆娘聽了也去坐坐看，結果也是一樣，是很特殊的、一種嗡嗡嗡的頻率。老闆娘說，那個位子就是先前婆婆暫厝時頭的位置，這表示棺木雖然移動了，婆婆的靈沒離開她最後一口氣所在的位置，一直在那裡。

File 07

婆婆往生過後，曾回來家裡數次

報導人：陳老闆娘
採訪時間：二〇一二年九月下旬初訪、二〇一三年三月中旬補訪
採訪地點：中研院附近餐廳
採訪記錄：李家愷、林美容

去餐廳吃飯時，老闆娘又跟我們說了她婆婆往生之後幾次回來的事。她說人活著時執著，死後也一樣，她先提到婆婆執著帽子而回來的事。老闆娘在整理她婆婆遺物時，找到一頂帽子，老闆說要丟掉。結果中午休息時老闆娘就夢到她婆婆戴著那頂帽子出現，意思像是在告訴她不要這麼做，老闆娘會意後也

就沒丟了。後來他們店裡刷油漆，把許多東西都塞到櫃子，其中也包括這頂帽子。帽子在這過程中沾到一些髒汙，老闆當晚就夢到媽媽戴著這頂髒髒的帽子出現，有點不太高興的樣子。老闆娘知道這事後，特地把帽子翻出來，重新洗過，放在婆婆的床上。接下來換老闆娘兒子夢到，說夢中阿媽戴著乾淨的帽子，也是一句話都沒說，但跟他點點頭。

老闆娘婆婆回來的事不只這一件。做百日時，她老公晚上也曾夢到媽媽回來。早上起來後老闆娘跟兒子提到，說昨晚老爸有夢到你阿媽回來，夢中阿媽出現在樓上，沒說話，就跟你爸爸點點頭而已。老闆娘兒子就回說，真的啊？那時他正好在樓下請觀音媽讓他阿媽回來聽經，準備念金剛經迴向給祂。這是婆婆最後一次回來。

File 08

父親亡後常來跟她講話，出殯後請祂不要再來

報導人：陳老闆娘
採訪時間：二〇一五年十月上旬
採訪地點：中研院附近餐廳
採訪記錄：林美容

老闆娘說她父親死後沒多久，常常夜晚來跟她講話，她生前不常跟父親說

話，但是父親若知道她喜歡吃什麼，會買給她。她的房門一打開就是正廳，也就是父親靈堂所在，父親每次都會用一種拖得很長的聲音叫她的名字，有什麼事情都會來跟她講，而沒有去找其他家人或兄弟姊妹。我問她怕不怕，她說不怕，但是在父親「出山（tshut-suann）」之後，她在靈堂跟父親說，請祂不要再來了，因為她會害怕。其實她是怕父親不知陰陽兩隔，逗留人間，只好這樣說了。爾後，父親真的沒再回來跟她講過話。

File 09
夢見跳河而死的兒子，立刻找到屍體

報導人：陳老闆娘
採訪時間：二〇一七年十一月下旬
採訪地點：中研院附近餐廳
採訪記錄：林美容

老闆娘約二十幾歲時，鄰居的兒子才十九歲，突然因為憂鬱症跳河死了。找了好幾天都找不到屍體，鄰居媽媽很傷心。有一晚夢到死去的兒子來看她，她伸手想要抓住，他卻倏乎不見。那位媽媽醒來，就趕快叫人準備撈屍，說一定找得到，果然一下就找到了。

File 10

託白沙屯媽祖之緣，新魂傳話給親妹

報導人：姚女士
採訪時間：二〇二二年八月上旬
採訪地點：通訊軟體
採訪記錄：楊秀娩、林美容

約在二〇二二年一月，姚女士的大哥因病身亡。她一直掛念祂，也四處問哪裡可以關落陰。同年八月，經營代書事務所的姚女士處理某案件，正在等買、賣兩方到達時，買方K先生一直與身旁兩位小姐竊竊私語。終於，K先生開口：「請問姚〇〇是你大哥嗎？」姚女士嚇一跳！為什麼客戶會叫出她已逝大哥的名諱？

K先生說：「希望你不要生氣與介意，是跟在你身旁的親大哥一直懇求請我傳話。他說他在陰間過得很好，雖然他住在枉死城，但魂可以自由進出。他會身亡是因為誤診。他在陰間的錢夠用，不用再燒。他說他的東西一年內，都不要動，他會回去看；一年後，再將他生前的衣服捐給慈善機構。他也請你轉達，請姚媽媽不要再為他傷心哭泣。」

姚女士說，她和K先生第一次見面時，有事無心多待，只好找她先生頂替一下，但她先生也無法久待。最終，他們沒想到這筆案子能意外接成。由於姚女士正在等賣方到場，她忍住悲慟情緒，另行與K先生約見面的時間。

隔幾天，姚女士開車載姚媽媽前往K先生的私廟。她現在稱他K老師，因為他在會計事務所上班，但能與靈界溝通。開車路上，姚媽媽說，若K老師能叫出她孫子的名字，她就相信。沒想到她們一到K老師的私廟時，他開頭就問，什麼是「齊福平？」姚媽媽頓時嚎啕大哭：果真她的兒子回來了！

姚女士回K老師說，「『齊福平』其中有我兩個孩子的名，另外則是我大哥的孩子。」

K老師不只叫出她大哥孩子的小名，還說出她大哥生前一些私事，像是她大哥是當「砲兵」，K老師甚至主動說出姚先生臨終時，姚女士有買藍色衣服送他，著衣時，當時只有姚女士與她先生及護理師三人在場，所以這次姚女士相信了。

姚先生因黃疸指數過高過世，K老師第一次見到祂的魂時，臉色偏黃且偏瘦。第二次見面時，已顯淡黃，體態較圓壯。姚先生說，非常感謝小妹幫祂做藥師法會，這對亡靈非常有助益。另外，專場的法會，祂收得到；團體的法會，祂較收不到，因為祂是新魂，搶不到。姚女士這才得知，七月是鬼月，牌位、塔位、陰間等三魂合一，所以靈力較大。

姚女士說，她大哥的塔位放在福園，方便他們就近祭拜。她娘家阿公、阿嬤的骨灰寄放在老家菜堂。她不願將大哥與他們「合爐」，因為她氣祖先太早將她大哥帶回去。

至於為何會有這次傳話，主要是白沙屯媽祖的香火因緣。K先生家住豐原，主業外，同時有一間私廟，他平常會幫忙辦事，但神明交代不能收紅包。信徒可自行將紅包捐給慈善機構，神明會另外補給他財富，這已是多年來的互動模式。他買這塊地，正是準備幫自家二樓的神明蓋廟。K先生願意幫她大哥這個忙，是因為K先生的私廟有白沙屯媽祖的分靈，而姚女士大哥生前有去走白沙屯媽祖。

File 11

新亡的公公託夢給媳婦，說她懷孕了要小心

報導人：簡先生
採訪時間：二〇二四年四月下旬
採訪地點：台北市南港研究院路
採訪記錄：林美容

簡先生表示：爸爸過世還沒出殯時，他和他太太還有兩歲的女兒都回草屯，在老家守靈。太太有一晚作夢，夢見公公來跟她說，肚子裡有孩子，叫她要小心，當時她自己都不知道懷孕了。後來，他們回台北忠孝醫院產檢，確認有孩子，但是醫生說聽不到心跳，簡先生憂心極了，便約了先前為女兒接生的新竹榮總產科醫師檢查，醫生說胎兒很正常有心跳，沒問題。他們才放心。之後平安生下兒子，如今也三十一歲了。

File 12

牙醫師開車命喪九彎十八拐，當天夜裡來託夢

報導人：黃太太（中藥行老闆娘）
採訪時間：二〇一八年一月下旬
採訪地點：中研市場斜對面中藥行
採訪記錄：林美容

黃太太小姑的先生曾在中藥行的隔壁開牙醫診所，一九八八年大專聯考的前一天，這位才三十九歲的牙醫師突然失蹤，家人都很緊張，黃太太就過去陪

小姑，等到晚上人還是沒回來，黃太太先返家。那晚她夢到小姑的先生來家裡敲門，然後甩著手，一直喊著：足燒、足燒。

等到八個月之後，剛好因附近有原住民在烤山豬，警方才在北宜公路九彎十八拐的山路下，找到他汽車的車牌，可能失蹤當天就墜毀在這裡，汽車應有起火，因為燒得黑漆漆的。她說很奇怪，為什麼會讓她夢到。

File 13

遺願未了，教授亡魂翻書

報導人：石宮主（枋寮東龍宮宮主）
採訪時間：二〇二五年三月下旬
採訪地點：松山飛往東京日航班機上
採訪記錄：林美容

在飛機上和石宮主相鄰而坐，聊天聊得很愉快。她說她曾經處理過一個案例，亡者是清大的教授，不知是什麼學科，因為肝癌早早離世，過世之後，家裡的書明明沒人碰，卻無端倒下來，好像有人來動過似的，好幾次這樣。他的太太正好認識石宮主的妹妹，就找了石宮主來處理。石宮主與那亡魂溝通，得知祂生前允諾學生要指導他們論文直至順利畢業，因為遺願未了，常常要回來翻書。石宮主就替祂辦了超度法會。

【新聞事件】

議員頭七前託夢……交代一事！

事件時間：二〇二五年四月／事件地點：嘉義／資料參考：《三立新聞網》

發病到死亡僅一個月，來不及好好道別！嘉義市無黨籍市議員李奕德三月二十六日驚傳肝癌病逝，享年四十三歲，震驚地方政壇，父親李漢仁更像割下心頭肉，在醫生宣告死亡時用怒氣遮掩悲傷，大罵兒子「落荒而逃」未履行對選民承諾。四月一日李奕德頭七，李漢仁向《三立新聞網》透露，兒子有入夢，躺在病床看起來快痊癒，燦笑交代地方事務；生前每晚九點是父子交心時刻，如今電話不再響了，要花多少時間改掉這習慣，想到就痛。

「每晚九點左右是我們父子用 line 或一塊在房間最溫暖的共享時間，尤其這一個多月住院期間，我要離開的時候，奕德還是叮嚀一句，爸，九點等我電話喔！」李漢仁喊話真希望這不是絕響，是他天天夢境中最期待的父子交誼！然而這幾天怎麼度過？天天以淚洗面，除了失去愛子，還要改掉習慣，真的好痛。

時間拉回宣告死亡那天，李漢仁對著李奕德乾癟瘦小的身軀大罵：「你跟選民有約，落荒而逃，一張票一次情，你還有一年多任期，為何要那麼早離開？」，愛子心切，從小時候懂事到李奕德斷氣那天，父親從未疾言厲色過，那天是第一次，也是最後一次。

外界關心為何病況來得又快又急？李漢仁透露，一個多月前，見兒子狀況不對勁，外表極度疲累且明顯瘦小，才去就醫確診肝癌，為了住院一事，父子還大吵一架。住進病房裡的那些時日，李奕德眼睛睜開就是詢問助理會勘行程，思思念念都是對選民承諾，為父於心不忍，接下兒子遺言：將未能做完四年議員任期接續做完，也代兒子向選民道歉。

Q 臨終時，黑白無常來勾魂？

A 民間傳說，當人的壽命將盡時，閻王便派勾魂使者到陽間勾攝生魂，一旦人的靈魂被勾走之後，立即死亡。其中最著名的勾魂使者就是黑無常和白無常。

無常，原指變化不定。佛教認為世間一切皆處生起、變異、壞滅的過程，諸行無常。《地藏菩薩本願經》有句：「無常大鬼，不期而至。」《六祖壇經》中也說：「生死事大，無常迅速。」都在強調生命無法恆常不變。無常觀念，後來轉化為民俗中往來陰陽之間的勾魂使者。

黑白無常在台灣民間分別尊稱為八爺、七爺（也有人主張黑白無常與七爺八爺不同）。神像造型通常是：白無常七爺謝必安身材高瘦，頭戴白高帽，臉色慘白、表情惶恐，口吐紅舌，一手拿令牌（或魚枷、火籤），另一手持羽毛扇——傳說這把扇子的每一支羽毛上都寫著惡人的名字；黑無常八爺范無救（亦稱范無咎）身形矮胖，頭戴黑高帽，臉色黝黑、表情憤怒，嘴巴張開，一手拿著虎頭方牌，另一手持枷鎖鐵鍊。

另有一說，黑白無常是城隍爺的護衛，負責向作奸犯科的人索命，捉拿他們的鬼魂去接受城隍爺的審判。是故，人在臨終時不一定會看見黑白無常。新竹都城隍廟的謝范將軍神像，據傳依照謝范將軍生前容貌雕刻：謝將軍面白高瘦，范將軍面黑矮胖，特別逼真。

Q 牛頭馬面從哪裡來？

A 起源可追溯至東漢時期的《搜神記》《太平廣記》等古籍中，有押送亡魂的異獸、鬼卒描述，但未明確命名。唐代佛教與道教融合後，開始有較明確的「牛頭羅剎」、「馬面鬼卒」之說，作為地獄中典型守衛與押解使者。

牛頭源自佛教，《五苦章句經》說：「獄卒名阿傍，牛頭人手，兩腳牛蹄，力壯排山，持鋼鐵叉。」傳入中國後，影響了道教，又因民間講究對稱，於是搭配馬面，成為一對，在東嶽廟、閻王廟、城隍廟等皆有祂們的蹤影。

牛頭、馬面的形象，常是手持長矛和三尖叉，負責捉拿陽壽已盡的亡魂前往審判；另有一說，祂們負責看守奈何橋，若遇到生前犯罪的陰魂，就推落橋下，讓毒蛇猛獸吞食。

Q 鬼魂知道自己已經死亡了嗎？

A 往生至出殯前後，也有人說至七七四十九天，是為「新亡的魂」。

在佛教中，往生者的魂從昏迷中醒來，即進入「中陰身」階段。新亡的魂剛開始不一定知道自己死了，根據《西藏度亡經》的描述：在鏡子前或水井邊，看不見自己的影子；或者走在沙灘上，也沒有自己的腳印……才慢慢面對死亡的事實。

民間信仰，兼有陰間閻王審判和輪迴轉世的觀念，認為：新亡的魂進入陰間地府，經生前所做善惡的審判後，裁奪該是留在地獄接受刑罰，或是等待轉世投胎。

中陰身不是鬼，卻比鬼更具神通，能夠不受空間阻力，穿梭陰陽，甚至託夢與親友告別或是交待陽間未竟之事。因此，民俗強調在親友新亡時期，家屬不宜過度傷悲，需多念佛號和誦經，協助亡靈通往西方極樂世界。

在這個階段中，招魂、引魂的儀式，呼喚迷失的靈魂返回；誦經、做七，幫助亡者接受死亡事實；超度、破地獄法會，協助冤魂放下執念；地藏菩薩誦經，度化迷魂、開啟智慧。每一步儀式，除了安定魂魄，也是在安定家屬。

Q 閻羅王與鬼魂的關係？

A 閻羅王（也稱閻王，為梵語 Yama 的音譯）是陰間地府的主宰，俗話說：「閻王判人三更死，誰敢留你到五更。」足見祂掌管生死的權力之大！

閻羅王的信仰源自古印度佛教，在佛經中既是地獄的審判者，同時也承受了地獄的燒炙毒痛之苦；佛教傳入中國後，與民間的陰司信仰融合，發展成「十殿閻王」。

十殿閻王最早出自於唐朝偽經《地藏十王經》，講述人在中陰身時，在幽冥所過閻君殿閣。而今《玉曆寶鈔》所載，十殿閻王各有其主要專職，掌管八重大地獄（民間訛傳「十八層地獄」），每一重的大地獄有十六遊增地獄，合一百二十八地獄。

在台灣的喪葬習俗中，有替亡者「做旬」（已與「做七」混談）的法事，即與十殿閻王有關，透過法師主持祝禱，祈求亡魂不受審判刑罰。做旬的專用錢包則是獻給各殿的閻羅王，希望祂們手下留情。目前民間常見做七旬，各旬相隔的日數並不一定；至百日後做第八旬、對年後做第九旬、三年後（或對年後另擇吉日）做第十旬。每一旬都代表亡魂通過地府一殿，修滿十齋才得往生淨土。

Q 什麼是「桌頭嫻」？

A 民俗中，往生者大體入棺後，若不立即埋葬，在停棺（殯殮）期間需「豎靈」（設靈位）。傳統的靈堂擺設，有一張靈桌放置牌位，立於牌位旁的紙塑男女奴僕即是「桌頭嫻」（又稱「桌嫻仔」）。

桌頭嫻的造型以古代裝扮為主，男僕穿長袍馬褂，女婢著鳳仙裝。這種紙塑人偶，分桌上型（約高二十公分）和地上型（約一百二十公分）兩種，統稱為「金童玉女」。如今喪葬用品，跟著時代潮流發展，也有穿著現代衣物裝扮的。

關於金童玉女的任務，有兩種說法：其一，祂們原是菩薩的隨身侍者，負責接引死者前往西方極樂世界；其二，死者在陽間沒能使喚奴僕，家屬希望祂到另一世界能夠有人服侍在側。已過世的知名藝人文英阿姨就曾說過一件趣事，她的阿媽往生後，她燒了大房子跟很多東西，包含了幾個童男童女僕人；有一天，阿媽託夢說，文英阿姨忘了在僕人身上寫上僕字，阿媽每天還要煮飯給那幾個小孩吃，收到阿媽的託夢後，她就趕快又燒了幾個有寫上僕字的童男童女。

此外，因為桌頭嫻屬喪葬禮儀之物，難免與喪煞聯想。在田野調查中，就有受訪者敘述自己被桌頭嫻掐住脖子，或用桌頭嫻來形容水鬼的形象。

Q　豎靈期間要「驚貓」？

A　在喪葬習俗中，當人往生後，親屬設置靈堂，將魂帛安置於靈桌，晨昏拈香祭拜，直至出殯，這段期間稱作豎靈（或作「徛靈」）；又稱為安靈，讓靈魂有所依歸，並有專屬的安置空間。

民間傳說，當往生者體溫沒有完全散發，最忌諱附近有貓，若貓跳躍過遺體，遺體受到驚嚇會跳起來抱住活人。因此，在豎靈期間，喪家需輪流看守，並且「驚貓」（趕貓）。

此習俗應和農村社會有關，從前喪家是將遺體安放在自家廳堂，需格外留意肉食性動物，以免毀損遺體；而貓屬虎科動物，虎被視為帶有煞氣，是喜、喪場合所不樂見。

Q 牽亡歌何時唱？

A

傳統喪葬習俗常見牽亡歌陣，目的在於牽引亡魂行經「陰府路上千百關」，到達極樂世界。

牽亡歌內容描述的陰間關卡，包括：草埔路、赤土路、黑土路、馬齒砂路、瘋狗村、冷水坑、殺牛坑、鐵板嶺、鐵釘路、奈何橋、落陽港、陰陽河、陰陽山、果子山、福德山、離歧嶺、八角亭、六角庄、白布店、本命園、元神宮、鬼門關、酆都城、破錢山、亡魂山、火焰山、揚州江、枉死城、望鄉台、目連廳、觀音亭等，帶有勸人為善的哲理。縱使喪事充滿哀戚，前往西方之路迢迢需匆匆趕赴，牽亡調的節奏輕快，就像是配合亡魂離地三寸飄行的步調，一掃悲傷。有人便改編牽亡歌，例如：黃克林的〈倒退嚕〉、劉福助的〈牽亡歌〉、豬哥亮的〈十八番組〉、濁水溪公社的〈牽亡歌〉等，成為台灣在地另類的舞台表演。

是八字太輕，還是氣虛神弱？是運途失衡，還是無意中觸犯了某段禁忌的傳說？撞鬼，總得有個理由！本篇收錄鬼壓床、鬼附身、鬼擋牆、抓交替、喪煞、鬼來討等，不同撞鬼經驗的實錄。

Part 3

毛骨悚然撞鬼共同經驗

Chapter 15 鬼壓床

當人躺在床上，四肢彷彿被無形之力緊緊壓住，意識清晰，卻無法睜眼、無法出聲，只能任由一股沉重如山的壓迫感籠罩全身。那一刻，睡與醒交界模糊，耳邊似有低語，胸口似有陰影伏身。民間說法，這便是「鬼壓床」，又稱「鬼壓身」，是一場靜默的靈異邂逅。

午睡時被鬼壓床，她睜開眼卻無法呼吸，只見天花板貼滿濕漉漉上百張女鬼臉孔，全都張嘴對她猛吸氣，把她肺裡的空氣一點一滴抽乾。

File 01

拜完烘爐地，睡覺被無形的掐脖子

報導人：江先生（哪德聖轎班會團長）
採訪時間：二〇一二年三月中旬
採訪地點：桃園市大溪區
採訪記錄：嚴翰迪

二〇〇九年的某天，我跟朋友去中和烘爐地拜拜，回家後很累就在房間睡覺。睡到一半時發現有東西在掐我脖子、壓我的身體，我一直想喊救命、救命！但就是喊不出來。這時我一直掙扎，忽然想起媽媽告訴我，如果遇到無形的東西想要害你、壓你，鬼壓床那種，就念「南無阿彌陀佛」，無形的就會離開。於是我就一直念佛，真的有效，過一陣子那雙手就放開了，大概走了，我就繼續睡覺。

隔天早上起來我很生氣，跟媽媽和姊姊抱怨，我昨天被東西壓一直喊救命為何不救？媽媽說：無形的掐住你，你再怎麼喊救命，別人都聽不到。經過這次我才相信，原來世界上真的有那種東西。

我說完後，嚴翰迪反問有沒有看到掐住我脖子的是什麼東西？我說如果看得到就去做乩童了！我被壓時眼睛是張開的，感覺被掐住脖子、肚子被壓住很痛苦！看不到任何東西，但可以感應到。

File 02

手放胸口睡覺，感覺鬼壓床

報導人：吳先生
採訪時間：二〇一二年五月上旬
採訪地點：李家愷家裡
採訪記錄：李家愷

吳先生以前北上台北市讀書，住在遼寧街的叔叔家，前面是店面，吳先生一個人住在後方別屋，和主屋隔著院子。吳先生說那時候他很沒膽，晚上睡覺都很害怕。那時他睡覺習慣手放在胸口，常覺得好像有鬼壓著身體，越想要爬起來就越無法爬起來，過一陣子才慢慢恢復正常，起床後其實也沒有看到或聽到什麼異常，不過就是會害怕。

如此連續好幾次，有次吳先生比較清醒，決定不像以前那樣掙扎，而是張開眼看看，但他睜開眼睛，結果就看到自己的手，壓在心窩胸口，他想奇怪，怎麼會是自己的手壓著，他想去動時，卻發現那隻手動不了。他就用另一隻手去把那隻不能動的手一根根手指慢慢掰開，當他去碰那隻不能動的手時，卻發覺居然像冰塊一樣，而且掰也動不了，沒有感覺，就好像這隻手不是他的，壓著時就感覺很重。他後來是一根根手指去掰開，當五指全部掰開時，不能動的手才恢復正常。

吳先生從此以後，睡覺時手就不敢放在胸口，因為會發生鬼壓床都是自己的手。不過還是有些不可解的奇妙處，雖說那時是冬天，手沒蓋被會冷是正常的，但冰成那樣，而且還沒有知覺還是很奇怪，令他感到害怕。

File 03

睡覺鬼魂入侵

報導人：黃同學（慈濟大學護理系）
採訪時間：二〇一八年五月上旬
採訪地點：慈濟大學
記錄整理：林美容

有次，黃同學晚上睡覺時，突然被類似開關打開的聲音吵醒，之後就看到在床尾有一個穿著黑衣斗篷的男子，手上拿著銀色的鐵製品，從門口的位置飄到靠近房間落地窗的位置，她當下嚇傻了，不過幾秒鐘後他就消失。黃同學就開始安撫自己繼續睡覺，不料睡著後感覺有一股氣體從她的額頭以螺旋狀的形式鑽入，她全身竟開始不自覺地顫抖與發麻。隔天醒來，她實在壓不下心中恐懼，跑去尋求友人協助，友人說她卡到，就拿一張符咒叫她回去洗身體，說也奇怪，一把水沖下去，頓時覺得身體由內而外溫暖起來。這件事情以後，她才真正相信世上有鬼，也讓她瞭解到撞鬼的解決之道與應對方法。

【新聞事件】

高大成親揭法醫內幕曾被「鬼壓床」破水餃命案

事件時間：二〇二三年三月／事件地點：高雄／資料參考：《民視新聞網》

知名法醫高大成分享，民國七十多年曾經有一個讀法律的男子，用包有砒霜的水餃毒殺妻子，甚至還等到「完全死亡」才送到醫院，打算詐取意外保險金。剛好高大成就負責相驗，然而男子卻拒絕解剖，當晚高大成就遇到「鬼壓床」靈異事件，一陣冷風突然吹來，他還以為是冰箱沒關，那時還有詭異的腳步聲逼近，「祂就直接這樣壓下來，我們兩個對看。」高大成嚇了好大一跳，緊接著，祂還說道：「我有事找你。」那這張臉直到現在，仍深深烙印在高大成腦海。

高大成說，隔天他收到警察提供的照片，驚覺上面的臉，竟然就是剛對他「鬼壓床」的那個人，當下高大成就堅持「一定要解剖，祂有事來找我了！」結果解剖後發現，遺體的胃裡面有砒霜，凶嫌還將作案用的生水餃丟在家中，經查後確認餃皮上有指紋，內餡也跟死者食用的完全一樣，「後來（凶嫌）判了十五年的樣子。」

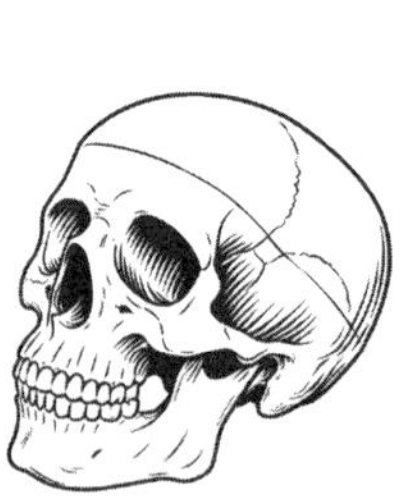

Q 真的有「鬼壓床」嗎？

A 當人躺在床上時，彷彿被重物壓住，身體麻痺、無法動彈，雖然能夠意識到周圍環境，卻睜不開眼睛或發不出聲音，甚至伴隨著噩夢，這種情況在民俗上稱為「鬼壓床」或「鬼壓身」。

根據統計全世界有四成以上的人有過鬼壓床的經驗，女多於男，因此，醫學積極從腦神經學的觀點來提出解釋，目前普遍認定這是「睡眠麻痺症」或「睡眠癱瘓症」」(sleep paralysis）的生理現象。

儘管如此，仍有田野調查的受訪者表示，自己疑似被鬼壓床而驚醒，起身用冷水洗臉、如廁後，回到床上又繼續被壓，並不是在半夢半醒時才發生。

我們建議，試著舒緩緊張情緒、保持臥室空氣流通、將睡姿調整為側睡等方法，若仍無法解決鬼壓床的現象，不妨採用民俗做法，默念能夠穩定情緒的經文或佛號，直到可以發出聲音時，再念大聲一點，讓自己更有信心。

Q 鬼懼怕人間何物？

A 民間流傳著各種不同的說法，包括：正神與神像，尤其是土地公、城隍爺、媽祖、關公；符咒與法器（如令旗、七星劍、銅鈴、桃木劍），特別是經開光、誦咒的符令、法器，能破邪斬煞。用紅色驅邪避祟、穿戴柳枝防鬼魂邪氣、模仿雞鳴使鬼驚嚇，或用赤豆打鬼、對鬼吐口水等等，通常與傳說、文學和戲劇的描述不無關係。

Q 驅邪避鬼有方法？

A 驅邪避鬼是一套結合宗教、民俗、自然元素與心理慰藉的完整系統，從隨身佩物、符咒儀式，到空間布局、心念修持，皆可作為護身之道。

我一直強調，就算到處都是鬼，也不是每個人都看得見鬼，真的沒有必要「人嚇人，嚇死人」。何況，台灣人普遍家中廳堂設有尪架桌，都有家神與祖靈的保佑，這樣就已經足夠。頂多在特定年節時，懸掛菖蒲、艾草、香茅、榕樹枝葉等驅蟲避邪。

就像日本人在門外擺放鹽堆，基督徒用聖水、十字架圖騰、聖物驅魔，台灣民俗也有所謂的「厭勝物」，「壓勝」意即「壓而勝之」，指用法術詛咒或祈禱以達到壓制、壓伏、戰勝人、物或妖魔鬼怪的目的，即針對廣義的不祥之物來避凶趨吉。例如：風獅爺、劍獅、石敢當、獸面瓦、寶劍、八卦鏡、鎮五營等是屬於建築的厭勝物；貫綦、平安符、佛珠等是屬於隨身的厭勝物。

Chapter 16
鬼附身

朱秀華借屍還魂事件，曾在台灣掀起一陣滔天波瀾，從新聞報導延燒至戲劇舞台，化作人們口耳相傳的傳奇。在民俗的語境裡，凡能廣爲流傳者，往往不是空穴來風；若無其事，衆人又何必一講再講，讓它穿越時代與信仰的縫隙，久久不散。

三合院的男孩突然性情大變，深夜總對著神桌低語，直到有天他用女聲說出一句話：「這間房子，本來就是我的。」

File 01

賣紅豆餅的婦女已被魔神仔纏了五、六年

報導人：林先生（彰化南瑤宮老二媽會總理）
採訪時間：二〇一〇年九月下旬
採訪地點：彰化縣員林鎮
採訪記錄：李佳洲

林先生說，有一位每天在台中市南屯路賣紅豆餅的婦女，被魔神仔纏了五、六年，家裡都不得平安，到現在還沒有解決，這是她自己說的，攤位就在南屯區公所再過去一點。

File 02

修車工人遭鬼附身

報導人：蔡先生（計程車司機）
採訪時間：二〇一〇年十月中旬
採訪地點：往大龍峒保安宮途中
採訪記錄：林美容

一上車，看司機很健談，雖然是短程，也問了他有關魔神仔的事，他說了一個親眼看到的案例，原來他平常在新北市五股區的修車工廠工作，開計程車是賺外快。他說同事中有一位修車工人，有一次突然被鬼魂附身，幾個人都抓

不住。原因是他工作的地方附近有一個電塔，常常出車禍，有很多鬼魂。遇到被鬼纏住時，一定要找法師來，用咒語才能解開。

File 03
打佛七時鬼附身

報導人：陳教授（中研院近史所副研究員）
採訪時間：二〇一〇年十二月上旬
採訪地點：中研院附近餐廳
採訪記錄：林美容、李家愷

陳老師在讀研究所的時候（約一九七四、七五年），去瑞芳弘明寺參加打佛七的活動，那時是煮雲法師主七。期間突然有一個師兄在打坐中好像起乩，發起來。大家就趕快鋪地毯，煮雲法師藉機舉行超度儀式，並對附身的鬼魂說法。這些鬼魂說現在寺院的這塊地原來是祂們的地方，但被寺院占去，所以附身要來討，法師要祂們放下。最後鬼魂走了，那位師兄也恢復正常。陳老師半信半疑，但他說那時是農曆七月期間，拜過的食物，吃起來確有不一樣，比較難吃。

File 04

遊淡水撞到鬼，持續嘔吐

報導人：林同學（慈濟大學中文系）
採訪時間：二〇一七年四月上旬
採訪地點：慈濟大學
採訪記錄：報導人整理

國中時我曾一個人跑到淡水，早上先去逛逛古蹟和真理大學，下午搭船租借腳踏車騎到十三行博物館，晚上逛老街。因為我體質的關係，很容易招來一些有的沒的，媽媽常告誡我不能在外面玩到太晚，尤其是淡水。不過我當時沒多想，吃完晚餐大概七點多才從淡水離開，回家路上還沒什麼異狀，等到家看完電視後入睡，半夜我不知為何全身抽搐，有種想要嘔吐的感覺，一開始只是乾嘔，後來竟然真吐了，還來不及衝到廁所就從床沿路吐到門上，再一路吐到廁所抱馬桶時還在吐。這種情形驚醒全家人，媽媽幫忙清理，並問我有沒有亂吃什麼，我說沒有，媽媽就想到可能是我體質的關係，會不會跟了什麼回來。但是半夜又不好意思打擾負責宮廟的鄰居師父，因此她整晚睡在我身邊照顧，讓爸爸和妹妹去睡隔壁，過兩小時我又莫名抽搐，這次媽媽趕緊醒來拉著我到廁所，果不其然我又吐得很嚴重，全身虛脫，媽媽也心力交瘁地陪我回房間，守著我到天亮。

第二天早上媽媽先讓我在床上休息，並把早餐端來，但我實在沒什麼胃口，吃了一兩口後就莫名又開始反胃，衝到廁所吐，媽媽感到事態嚴重，再不處理我就要吐到連魂都沒了。立刻聯絡我們最熟悉的宮廟，也就是住家附近的慈惠宮（三重），請資深且進山修行過的師父處理。在離開家門前我又吐了一次，到了宮裡師父看我的八字，並用手感覺脈象，觀察氣色，他對媽媽說我的臉色很蒼白，印堂發黑，應該是被鬼煞到。媽媽和我想起前一晚嘔吐的情況，我自己又去淡水玩到那麼晚，總會跟幾隻回來，師父讓媽媽陪著我先去上香，他則是在主神關公神像前擲筊，問明該如何處理。接著他便讓我站到關公像前，並要求我的視線與關公的視線四目相交，不能回頭，我只感覺他在我身後邊念什麼咒語並踩著什麼特殊道教步法，拿著香在我的頭上點三下，又念一堆奇奇怪怪我聽不懂的咒語，用手掌拍我頭三下，之後就說已經成了。但要我不能回頭，他得先去外邊灑淨一下，直到說可以了就拿一包香灰給媽媽，讓她回家後用熱水泡開給我喝，並且讓我們從另一邊的門回家（因為灑淨的那邊不能經過，否則那不乾淨的又會回來），回到家喝下香灰後，我就好多了，連胃口都回來了，有了這次經驗後，我再也不敢在有古蹟的地方玩到那麼晚了。

File 05

清泉崗服役，中邪暈眩，百餘位士兵討拜

報導人：李同學（慈濟大學後中醫系）
採訪時間：二〇一七年四月上旬
採訪地點：慈濟大學
採訪記錄：報導人整理

二〇一五年三月十五日，我當時還在服役，於軍隊留守，早晨起床頭暈目眩，天旋地轉，無法站立，伴隨著陣陣嘔吐，只能在寢室休息，直到下午才緩解。

二〇一五年三月廿一日，距離上次暈眩發作只有一週，約上午九點站立時再次頭暈目眩，同樣伴隨著陣陣嘔吐。

連上士官建議我向營長請假，出營就醫。醫生查無具體病因，推測可能是梅尼爾氏症，只能注射止暈針，並在診所病床上休息。大約一小時後，再由連上士兵接回部隊休息，當天傍晚便緩解許多。

二〇一五年八月，有一日在家裡突然再度發作，天旋地轉，噁心嘔吐，時暈時不暈。當天母親去伯母家，也叫我一起，於是我趁著較舒緩的期間騎車過去。一進門打完招呼後，就只能躺在客廳沙發，只有這樣才舒服一點。

伯母看我不舒服，問我情況如何。我表達非常暈眩，她便把手放在我的頭

及背上，感受了一陣，便說：「你這個要處理喔！但是要叫A阿姨來。」我伯母是通靈人士（類似台語所稱的「仙姑」），所以我當時大概瞭解她話中的意思：我應該是所謂的「中邪」。

這邊稍微解釋為什麼我伯母不自己處理，而要假手他人。因為他們有分負責對神溝通的人及對鬼溝通的人，我伯母是屬於對神溝通的，而A阿姨則是對鬼溝通的。

費了一番周折，終於請來A阿姨。A阿姨一進門，還不瞭解怎麼回事，也不明白要幫我處理什麼事情，便感到一陣不舒服，一手扶著牆壁一手摸著頭，開始靠著牆乾嘔。A阿姨有點痛苦地說：「怎麼會這麼多？」接著走來我身邊，用雙手手掌分別碰觸我的頭跟背，並驚訝地說：「恐怖！人怎麼有辦法裝這麼多？」

在處理的過程中，我只是一直感到暈眩，並沒有真正聽到或看到什麼。偶爾我伯母及A阿姨會用力拍我的背，幾乎是用打的，彷彿想把什麼髒東西打出來。A阿姨與「祂們」溝通的內容，A阿姨都會轉述給我知道，或是「祂們」會透過A阿姨的嘴說出來。

A阿姨說，她看到很多停機坪，有飛機跑道等等。我的伯母坐在我對面，表示她也看到一些景象，眼前還浮現「清泉崗」三個字。我就是在清泉崗後面的「陸軍砲兵第五十八指揮部」服役。伯母還看到了我父親身上帶的東西（當時父親不在場），並問我母親：「你老公是在練什麼東西？怎麼會有很像水晶的東西？」很巧的是，我父親平時就會拿著水晶靜坐，但我也不清楚我父親具體在練什麼氣功。

整件事情大致如以下敘述，是由A阿姨邊處理邊講出來：「祂們」躲在我體內，有一百多位士兵，一位士官長（據說是日軍），還有一位女人（祂不表明身分，也不顯像出來）。

阿兵哥躲進我身體搗亂的目的，只是來要食物，祂們希望中元普度時我能祭拜一點食物，我母親答應中元普度會給祂們足量的食物，祂們就走了。但過程中這群士兵不清楚為何突然透過A阿姨喊出軍隊的口令：「立正！敬禮！」A阿姨的聲音突然變得雄壯威武。

而士官長並未表達什麼，也未要求我辦任何事情。我在軍隊中的軍階是「少尉」，職務是「輔導長」，官階比「士官長」大。我心中突然冒出一個想法，在心裡對那位士官長說著：「我好歹也是個少尉輔導長，官階比祢大，祢隨意來到我的身體裡，這樣對嗎？」最後士官長只是微微一笑就走了，A阿姨也不清楚祂的目的。最後則是不明身分的女人，要我念佛經迴向給祂。

這時我伯母請我母親開始念佛號，但是那個女人透過A阿姨說：「叫他自己念啊！」A阿姨的聲音是尖細的。我開始默念佛號迴向，開始默念沒多久，母親就開始乾嘔，接著真的嘔吐，吐了一陣，把胃中的東西都翻出來了。

伯母解釋說因為我是默念，母子連心，不好的東西就往我媽身上去，雖然我不太清楚具體的原理是什麼，但我相信這是真的。如果是誦念出來就會是我自己承受。我母親吐完時很痛苦地說一句：「李XX，你以後要對我好一點。」我非常感謝母親幫我承受了那一次的難。

把該送的都送走了以後，我又睡了許久才漸漸恢復，隔天清醒便感覺舒服多了。

File 06

車禍死亡的陰魂卡住一個老頭

報導人：陳老闆娘
採訪時間：二〇一七年十一月下旬
採訪地點：中研院附近餐廳
採訪記錄：林美容

先前有一個年輕人騎摩托車，在德明商專附近不幸出車禍死了。一個老人是她的鄰居，有一天路過那裡，可能被陰魂卡住了。回到家裡，煮了一大鍋飯，竟然一個人把飯全部吃得精光。家人覺得怪異，就去問乩童，乩童說，要請出車禍死者的家人，把陰魂從路口引回去，這樣陰魂有人祭祀，就不會擾亂他人。

【新聞事件】

台灣史上最知名借屍還魂事件

事件時間：一九五九年～二〇一八年／事件地點：雲林麥寮／資料參考：《中時電子報》、《今日佛教》

一九五九年，雲林麥寮得昌建材行吳秋得的妻子林罔腰因重病而昏迷，一度在親友面前停止呼吸心跳，而後又恢復；之後，說話腔調、行為舉止都和以前不同，甚至不認得平時熟識的鄰居和家人。

家人以為林罔腰精神失常，打算送往精神病院治療，她卻敘述了「借屍還魂」的經過。看到這一幕，包括吳秋得在內，眾人震驚無比。

死而復生的林罔腰自稱朱秀華，原本住在金門，十八歲時，因中共砲轟金門，居民傷亡慘重，紛紛搭船逃難，但雙親不幸被炮彈擊中身亡，她逃上另一艘漁船離開。但這艘漁船才駛離金門海岸沒多遠，也同樣被炮彈擊中而毀損，在海上浮沉數天，其他人陸續亡故，她也陷入昏迷。直至滿潮，漁船漂到雲林縣外海，被當地漁民發現。她哀求漁民救她一命，甘願終身作妾作婢。沒想到漁民覬覦船上金飾財物，竟把洗劫一空的漁船推回海裡……

朱秀華被害死後，陰魂徘徊在海豐島，遇見當地五條港安西府所供奉的張尊王、李鄰侯、莫將軍等三位神明收留，因此向王爺們哭訴。地藏王菩薩降駕後，選擇陽壽將盡的麥寮鄉建材行老闆娘林罔腰，指示朱秀華還魂。當時正好吳秋得承包海豐島的工程，經常往返海豐島和麥寮鄉，朱秀華藉機跟隨，直到吳秋得回麥寮，林罔腰的病情告危，她就「借屍還魂」。

朱秀華也說，魂魄要完全進入陌生肉體非常不容易，需有神明協助，歷經二十幾天才完成，這段時間恰巧是林罔腰陷入昏迷的狀態。

吳秋得則證實在太太生病期間承包海豐島的工程，常有人說看見他身邊跟著一個女孩，笑他豔福不淺，他覺得是別人在開玩笑，不以為意。回想起來，每次從海豐島騎腳踏車回家時，總覺得比平時重很多，以為是路況顛簸，事後才知，原來當時「朱秀華」總是跟著他回家。

此外，也有目擊證人證實漁船漂到海豐島之事。他說，曾勸告漁民救人要緊，反而被他們威脅不得聲張。沒想到，他們後來一個接一個發狂而死。

朱秀華則表示，自己信佛，不願與人

結仇，漁民發狂死去是與她同船的「朋友」替她抱不平而報復的。吳家的人說，林罔腰病好之初常說有「朋友」要來，請家人準備椅子和香菸待客。家人準備好，卻不見有人來，只聽見她好像和人講話，奇怪的是，竹椅總吱吱作響，像是有人坐，而且香菸燃到一點不剩，然後竹椅再度吱吱作響，應該是「客人」離開了。他們推測是同船亡魂怕她寂寞，特地來陪伴，過一陣子就不再發生了。

還魂事件發生後，吳家託人到金門查訪，證實有朱秀華這個人，但全家逃難後就失蹤了。另外，林罔腰本是四十出頭的婦女，「還魂」後的舉動卻像未婚少女般嬌羞，而且從目不識丁，變成能讀、能寫、能說國語，講話也從麥寮腔變成金門腔。

二〇一八年五月二十三日，林罔腰壽終正寢，享耆壽九十七歲。因家屬相信亡者雖是林罔腰肉身，但靈魂卻是朱秀華，經擲筊請示，訃聞上以「吳媽林氏罔腰老太夫人（法名朱秀華）」名義發喪、祭拜，但墓碑只刻「吳林罔腰」。兩人的神主牌位分開，吳林罔腰的牌位放在自家，朱秀華的牌位則安奉在麥寮成德堂祭祀。至此，喧騰一甲子的朱秀華借屍還魂事件畫下句點。

Q「鐵齒」就可以無懼鬼魂了嗎？

A 面對死亡，民俗上需要處理的細節很多。自從科學教育普及後，越來越多不相信民間信仰系統神鬼之說的「鐵齒」（thih-khí，台語形容不信邪的人）。我們只能說「鐵齒」的人或許不再謹守傳統習俗，卻不代表就此遠離生死課題，不再遭遇無法解釋的超自然現象。反而，就像擅長游泳的人更容易逞強一般，「鐵齒」的人會在民俗現場過於挑釁、不做各種防備，更容易出問題。因此，相關的民俗知識很重要，仍有必要一代傳一代。

Q請鬼魂幫忙會惹禍上身嗎？

A 俗話說：「請神容易送神難。」何況是茫茫渺渺的鬼魂！在民俗中，鬼魂歸屬陰間，當人遇到問題向鬼魂求助，就像「請鬼抓藥單」，難免有自尋死路的意思。

但是，也有極少數的例外，我在這裡分享一位草屯同鄉的真實故事：他的母親過世後，他每天晚上都到母親的墓前誦經，經年累月下來，跟著聽經的眾鬼魂似乎在冥冥中幫助他，使他的誦經能量變得更強而有力。因此，他在台大醫院舊院區的地藏庵當義工，幫病患和親屬與地藏王菩薩、醫公、醫婆結善緣，度過艱辛的醫療過程。

據說，早期的台大醫院每到農曆七月，病患家屬會在病房中祭祀，院方擔心木造建築容易發生意外，而改在醫院集中祭祀，演變成現在的地藏庵。地藏庵主祀地藏王菩薩，醫公、醫婆是陪祀。有人推測醫公、醫婆是源於祭祀在醫院中往生的孤魂，因此祂們和地基主一樣陪祀於下桌。

Chapter 17 鬼打牆

鬼打牆，又稱鬼擋牆，詞如其意，是鬼築起一道看不見的牆，讓人困於原地打轉，不論郊外山裡，或任何地點原地兜轉的經驗皆是。這樣的經驗，在山林間被稱作「昏山」，那是山靈迷了人的眼，或是腳步不小心踩入了某段被遺忘的界線。田野調查的受訪者也有開車時發生鬼打牆的例子，也有受訪者的鬼打牆經驗是和魔神仔有關。

他深夜開車行經北宜公路，繞了三圈還是同一段山路，直到車窗開始飄落冥紙，後照鏡裡，一整排紙紮人坐滿後座。

File 01

建華街鬼擋牆兩三個鐘頭

報導人：陳先生（計程車司機）
採訪時間：二〇一二年四月上旬
採訪地點：花蓮火車站後站到慈大介仁校區途中
採訪記錄：林美容

搭上車，我先問司機有沒有聽說過魔神仔的故事，他說沒有，不過他說花蓮有很多鬼故事，他自己就碰過。他二十幾歲的時候，大約國曆四月，有一次騎摩托車，晚上十一、二點左右，騎到花蓮建華街，卻怎麼繞也繞不出去，心裡非常害怕。後來有聽人家說這是鬼擋牆，是鬼在跟你玩，好像把你眼睛遮住，明明看得到路，卻到不了那裡。他說鬼看得到你，你卻看不到鬼。後來證實，建華街尾端是佐倉公墓。

File 02

在山裡繞不出去，突然間大霧瀰漫

報導人：王女士
採訪時間：二〇一三年一月下旬
採訪地點：台南市成功路
採訪記錄：嚴翰迪

王女士姊姊的女兒在山裡曾遇到鬼打牆。她說她外甥女念嘉義大學的音樂系，有次跟朋友開車到嘉義山上，怎麼繞都繞不出來，一直在原地打轉。就在納悶時，忽然間大霧瀰漫，在霧中，她外甥女看到有一個黑影飄過去，她非常害怕，便開始禱告（王女士一家都是基督徒）。等大霧散去後，她發現道路旁有燈光有人，便開了過去問路，那人告訴她，再往前開去就是懸崖了。在路人指引下，外甥女才順利開車下山。

File 03

北宜公路上說不信有鬼，瞬間機車熄火

報導人：周教授（台大歷史系）
採訪時間：二〇一七年十月上旬
採訪地點：通訊軟體
採訪記錄：林美容

約一九七二年，周老師台大畢業在等兵單時，跟一些同學騎摩托車走北宜公路，那時北宜剛開通，九彎十八拐路不好走，又沒什麼路燈，常有人出車禍喪命。因此他們騎車時，看到路面撒了一大堆冥紙，其中一位同學，看了很不爽，就說，

他才不相信有鬼！話才剛出口，他的機車馬上熄火。那人知道事有蹊蹺，就趕快雙手合十說對不起！他說錯話了，車子才又發動。

File 04

摩托車還有油，騎到半路卻熄火了

報導人：周教授（台大歷史系）
採訪時間：二〇一七年十月上旬
採訪地點：通訊軟體
採訪記錄：林美容

周老師表示他是很理性的人，但也不敢鐵齒。他母親生病住院時，他家兄弟姊妹輪班在醫院照顧，有一天他妹妹來交班，他騎著摩托車就離開了，騎到半路，居然熄火了。沒辦法，只好牽著摩托車去加油站，要加油的時候發現還有油啊，但已經來了，乾脆加滿。等到他回到研究室，沒多久，系裡秘書打電話來，要他趕快回醫院，原來他媽媽在摩托車熄火的那一刻過世了。我說這沒什麼可怕，你母親用這種方式跟你 say good-bye 而已，他說是，他媽媽過世的時候才五十九歲。從此以後他就不敢鐵齒。

File 05

亂說話，走不出清交小徑

報導人：周小姐（設計師）
採訪時間：二〇二五年六月上旬
採訪地點：通訊軟體
採訪記錄：楊佩穎

周小姐回憶到，就讀於清大時曾與當時的男友在清交小徑嬉鬧著說「哈哈哈都沒遇過（鬼）耶」、「反正路上還很亮呀走不下去就走不下去」，說完的瞬間整排路燈暗下，怎麼走也走不出去，他們倆只好坐下，直到快天亮之際，有另外一個人經過，他們才走出來。

【新聞事件】

搭凶宅電梯「停十樓下不去」外送員嚇：遇到鬼

事件時間：二〇二四年十二月／事件地點：台北／資料參考：《民視新聞網》

一提到「凶宅」，往往讓人退避三舍，別說居住就連進入都不敢，深怕自己運氣不好，碰到難以解釋的超自然現象。近日網路上流傳一段行車紀錄器影片，一名外送員到林森北路一棟凶宅大樓送餐，離開時從十樓搭乘電梯往下，明明樓層顯示往下，電梯門打開後竟還停在十樓，外送員不信再搭一次，結果竟發生第二次鬼打牆，嚇得外送員衝出電梯，當場爆粗口：「X你X，遇到鬼啊！」並用手機錄下樓層畫面，影片上傳後引發網友熱議。

Q 「鬼打牆」和「鬼擋牆」一樣嗎？

A 「鬼打牆」是台灣民間信仰中常見的一種靈異現象，指人明明走路或開車，卻在原地打轉、迷路出不去的情況。這種經驗通常伴隨著時間感錯亂、空間重複、四周靜得異常，民俗認為是「鬼遮眼」或「鬼擋牆」，讓人陷入無形的空間輪迴。如果這種情況是發生在山裡，就叫做「昏山」。

雖然科學家用實驗解釋：當人蒙著眼睛時，在缺乏地標指引下，會傾向於繞圈圈走；然而，田野調查的受訪者也有開車時發生鬼打牆的例子。另外，也有受訪者的鬼打牆經驗是和魔神仔有關。

根據田調，鬼打牆的共同特色有：重複空間感，不管怎麼走或開車，總是回到同一個地方；時間流逝異常，感覺過了很久，實際時間卻只有幾分鐘，或相反；氣氛異常，安靜到詭異、聽不見蟲鳴鳥叫、空氣沉重冰冷；電子設備失靈，指南針亂轉、導航失準、手錶或手機出現錯誤。

Q 放鞭炮的作用是什麼？

A 關於鞭炮，最早可見於《周禮．春官宗伯》中的一段記載。「辨九祭，一曰命祭，二曰衍祭，三曰炮祭，四曰周祭，五曰振祭，六曰擩祭，七曰絕祭，八曰繚祭，九曰共祭。」其中的「炮祭」，可能就是最早的記載。道教稱放鞭炮或沖天炮是「響五雷」，具有驅逐妖魔鬼怪或魑魅魍魎的作用；此外，炮竹的聲波也能破除未知的結界，解除「鬼擋牆」。

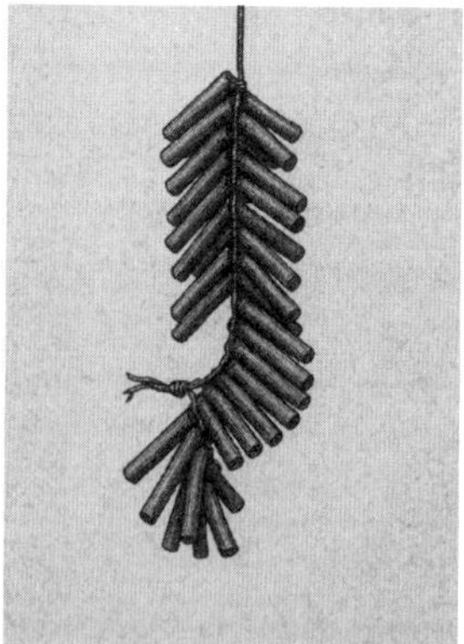

Chapter 18

抓交替

民間信仰中，凡是枉死、慘死或意外身亡的鬼魂，若無適當處理，魂魄無法安息，會不斷地重複臨死的痛苦，爲了擺脫無止盡的循環，滯留在出事地點的冤魂會尋覓「替死鬼」，這種狀況稱作「抓交替」，一次靈魂之間哀傷又殘酷的對調。

她每天半夜十二點都還坐在電腦前發信，給下一位面試者來她跳樓的公司。

File 01

魔神仔就是「抓交替」

報導人：某計程車司機
採訪時間：二〇一一年三月下旬
採訪地點：桃園火車站到永安路途中
採訪記錄：林美容

坐上計程車，開了一小段路後，我問司機有沒有聽過魔神仔的故事，他說魔神仔很多。他從小住在新北土城，現在中央路的地方。他說魔神仔就是會「抓交替」的那種，像大豹溪因為常會有「抓交替」的；每年都會死很多人，但大家還是會去那裡玩水。他還說土城的大墓公很有名，是林爽文抗清事件的戰場之一，曾經屍橫遍野，但後來得到嘉慶皇帝的敕封。問他知不知道有一種矮矮小小會把小孩子牽走的魔神仔，他說那就是「抓交替」。

File 02

庄尾水塘抓交替，連續兩次溺死兩小孩

報導人：詹阿媽、阿華阿姨（詹阿媽姪女）
採訪時間：二〇一一年九月下旬
採訪地點：南投縣名間鄉
採訪記錄：李茂志

水塘溺水事件一

阿華阿姨說三十多年前這裡沒有牽自來水道，每一個村庄或是田地旁都有水塘，不管是飲食要用還是洗東西都要到水塘挑水。有天下午小孩子放學回家，三個小男孩相約去庄尾土地公廟旁的水塘玩水，有一個不小心掉到水裡（當時大約十歲），阿華阿姨六叔的大兒子（當時十一歲）要去救他、拉他上來，結果力道太小，反而也被拉下去，過了好久才被撈上來，撈上來就沒救了。

詹阿媽說那時候，還有人牽牛要來救，結果牛也不理小孩。牽牛來是因為以前都靠牛來耕田，農村裡沒有心肺復甦術的急救知識，小孩溺水時，就趕緊讓小孩趴在牛背上，幫助小孩把水吐出來。牛若不給小孩靠，就是牛知道小孩沒救了；若是孩子命不該絕，牛就會讓他靠。

水塘溺水事件二

詹阿媽說幾年後的尾牙，肚臍仔（偏名）的兩個小孩在土地公廟旁的水塘溺水，當時大家都在土地公廟，拜到很晚，卻沒人知道有兩個小孩沉在旁邊的水塘，一直到後來大人發現小孩不見時，去找才知道孩子已經溺死。

阿華阿姨說或許是抓交替，因為都是兩個、兩個溺死。那水塘很深，曾有人用一支刺竹連頭尾插到水裡，結果竹子插到連葉子都泡到水裡，還是沒有辦法知道有多深。後來鄉公所用水泥整頓，就免除這樣的問題。現在的水池都蓋起來，用水管牽水出來，比較沒有開放式的水池。

File 03

幻化成一群魚，爲了要抓交替

報導人：陳老闆娘
採訪時間：二〇一二年一月中旬
採訪地點：中研院附近餐廳
採訪記錄：林美容

今天吃中飯時，在素食餐廳跟彭女士交談，陳老闆娘過來說了以下故事。陳老闆娘說自己小時在內湖也是住水邊，以前大人會說，如果在河裡看到一群魚，不要好奇去抓，因為那可能是孤魂幻化而成，是為了要來引誘你，好讓祂們可以抓交替。

File 04

鹿窟溝沒崁蓋

報導人：林伯奇（民俗藝術研究所碩士）
採訪時間：二〇一二年一月上旬
採訪地點：電話訪問
採訪記錄：林美容

打電話給伯奇問有關嘉義蘭潭的事，他說蘭潭古稱紅毛埤，這個地方很會抓交替。每年都會有人墜潭死亡。

嘉義大林有一個鹿窟溝，是現在的育菁親水公園，傳說鹿窟溝沒蓋蓋子，溝邊會有一個人坐在那裡，運氣不好的人就會被抓去，墜入溝裡死亡。

File 05

水鬼抓交替，土地公來救

報導人：張先生（無米樂種稻專家）
採訪時間：二〇一二年二月中旬
採訪地點：台南市後壁區
採訪記錄：林美容

這是菁寮村有關於水鬼的傳說。過去菁寮村兩邊有圳溝，有攔水分汴水流的地方，水從攔水壩沖下來，所以那處的水圳較深。曾有人在田裡工作，硬被水鬼拖下去，那人緊抓住田埂的草不放，幸虧土地公出來相救，說這人死期未到，為何拖他下水？這樣做是有罪的！如此才脫離水鬼的糾纏。

File 06

水中救人一命，不料事後病故

報導人：陳老闆娘
採訪時間：二〇一二年五月中旬
採訪地點：中研院附近餐廳
採訪記錄：林美容

陳老闆娘提到，昨天在電視上看到一個節目在談抓交替的事，說到她的堂哥（大伯的大兒子）十二歲時，曾經見義勇為，救了一個溺水的鄰居小孩。根據以前的習俗，被救命的人家應該準備一份豬腳麵線，來給這救命恩人壓驚，那戶人家不懂，沒拿麵線來。沒多久堂哥就身體不舒服，初始以為是感冒，但是都治不好，這時才有鄰人提醒應該去跟那戶人家要一份豬腳麵線。豬腳麵線做好端來時，十二歲的堂哥已經奄奄一息，無法吃東西，那戶人家百般求饒，說要不然他家的孩子讓給伯父家作兒子，還是無用，堂哥好像為人償命一樣，一命歸西。

老闆娘一直說，犯到煞是恐怖的事情，要謹慎處理。他堂哥是很懂事的孩子，卻不幸這樣亡逝。

File 07

「落月死」的女鬼會抓交替

報導人：彭阿媽
採訪時間：二〇一二年七月上旬
採訪地點：新竹市區
採訪記錄：李林進旺

我小時候曾聽人家說，坐月子中死的女鬼，叫做「落月死」，會去別人家等快要生產的婦女抓交替。那鬼會站在窗戶外，路頭路尾的人經過都看得到，家裡的人也都能從窗戶看到那女鬼，即便這家的丈夫把窗戶關起來，也是徒勞，這婦女生產完沒幾天就被抓走了。

File 08

小樹林經常有人上吊

報導人：某計程車司機（年約五十，男性）
採訪時間：二〇二〇年十月下旬
採訪地點：捷運南港站到中研院途中
採訪記錄：林美容

今天坐上這輛計程車，我說我要到中研院胡適公園對面那個門，他跟我說是不是有一個公廁那裡，我說對，他說公廁上方的胡適公園內常常有人在那裡上吊自殺。我問是怎樣的情況，怎麼沒看到報導，他說一年都有七、八起，

男女老少都有，我說我一個人不會去胡適公園，因為那裡有很多墓，他說一定不要去，不然會被捉交替。他還說南港捷運站後方的小樹林裡，去年有一個計程車司機在那裡自殺，我問是什麼原因，他說被乘客不付錢糟蹋，我說也不至於如此，他說賺不到錢，就只好走絕路了。

司機家以前住在研究院路四段的山上靠中華科大，後來才搬下來，住到研究院路三段凌雲新村那裡。他阿公是土公仔（thóo-kong-á），他十六歲就跟著阿公在山上替人撿骨當土公仔，後來阿公過世，他也就不做這事，改開計程車。

【新聞事件】

神秘巧合？端午節前後全台九人溺斃

事件時間：二〇二五年五月、六月／事件地點：全台各地／資料參考：《三立新聞網》

二〇二五年端午節（五月三十一日）前後，全台各地發生數起溺水死亡案件，由於發生次數相當頻繁，不禁讓人想起與「水」特別有關係的端午節，有民俗專家表示，由於端午節是一年之中陽氣最旺的日子，再加上這個時節相當炎熱，讓民眾特別想到水邊活動，只不過下水的地方若曾發生溺斃案件，也很容易再次發生憾事，因此除了在現場要特別小心，也要誠心祈禱，平日也別忘了行善積德，才不致發生意外。

據瞭解，端午節前的五月二十八日，屏東沙拉灣瀑布發生六旬男子溺斃；同一日在台東太麻里沿岸，有男童意外落海，釣客跳水救人結果兩人都失蹤；五月三十日在新北貢寮區沿海有三名美籍大學生落海，其中兩人生還、一人死亡；五月三十一日上午南投有工人到水庫除草溺斃，同日在台東卑南鄉，有婦人為了撿拾掉落的手機因而溺斃；六月一日在高雄旗津，三十歲男子被大浪捲走失蹤，尋獲時已死亡；六月二日，高中生兄弟不小心跌落南勢溪溺斃，同天下午在台東成功鎮，有十八歲男子下海後溺斃。

以民俗角度來說，所謂的三大節分別為農曆新年、端午節、中秋節，但這些時間很奇怪，容易帶走一些人，尤其端午節前後，又更容易發生溺水死亡案件；仔細分析端午節，由於這天是一年當中最熱的時候，許多人會到水邊活動，若是當地曾發生過相關事件，都會安放有萬應公、福德正神、大眾公等，一方面庇佑下水的民眾可以平安，另一方面則是警醒下水的人要萬事小心。

Q 什麼是「抓交替」？

A 在清朝袁枚《續子不語》中就有記載一篇文章寫道，李生晚上讀書，聽到有鬼說明天誰會來渡水那是我的「替身」；隔天果然有人要來渡河，李生極力勸阻，結果當晚被鬼罵「與汝何事？而使我不得替身？」在民間信仰中，凡是枉死、慘死或意外身亡的鬼魂，死後會不斷地重複臨死的痛苦，為了擺脫痛苦、重新投胎，冤魂滯留在出事地點尋覓「替死鬼」，這種狀況稱作「抓交替」。因此，溺水或車禍頻傳的地點，往往最容易出現「抓交替」的傳言；由於台灣訊息發達，行車紀錄器又普遍，如今所謂的「抓交替地點」早已不限北宜公路、碧潭等處。

Q 自殺的人會去抓交替嗎？

A 人選擇自殺的原因很多，不一定是含冤而死。所以，自殺的人不一定會抓交替。台灣民俗相信，因為溺水、車禍等意外身故，或是客死他鄉的人，若沒有執行招魂儀式或者沒有成功招到魂，帶著冤情的亡魂便滯留在原地，無法離開，必須透過抓交替，才能換取投胎的機會。

因此，每年農曆七月舉行的中元普度，就像是預防性祭祀；經常發生事故的路段或地點，也會由地方公廟主持路祭（祭路煞），維護地方潔淨。

Q 究竟該在哪裡引魂？

A 「招魂」是喪禮儀式中的一環，有人認為這個習俗的源頭是來自古代的「復禮」，當人在彌留之際，拿他的衣服呼喚，如果沒法醒來，就代表要辦後事了。「招魂」則是當人走後，將魂招回到靈位，避免亡者在外漂泊。

台灣喪葬習俗中，若因意外身故者，需在入殮前到事故地點引魂，否則陰魂會在該地盤桓不去，受困其中。

在刑事案件中，發現屍體的地方往往不是第一現場，甚至是慘絕人寰的分屍棄屍，又該到哪裡引魂？我們只能說，靈體看不見、摸不著，無法驗證，但是，該辦的民俗儀式就要辦，若發生問題，就繼續處理，直到死者安息、生者安慰。

Chapter 19
喪煞

台語有「煞到」（煞著 suah-tio̍h）一說，指沖犯邪氣，很多人與被鬼「卡到」、「抓到」、「問到」（以上皆為「鬼附身」）混為一談，然而，這兩者並不相同。

在民俗學中，五行相生相剋有一定的規律，五方五土皆有煞氣，當人的「三魂七魄」受到這些外力／磁場影響，其神志就會受到干擾而失衡，更甚者會有健康上的損害。

她從靈堂回家後夜夜發燒，直到夢裡那位剛出殯的親人低聲說：「我只是想找個人陪，不是要你也走。」

File 01

父親路上看見兩空棺，結果便一命嗚呼

報導人：陳老闆娘
採訪時間：二〇一二年五月中旬初訪、同年八月初第一次補訪、二〇一七年七月下旬第二次補訪
採訪地點：中研院附近餐廳
採訪記錄：林美容、李家愷補訪

我跟陳老闆娘聊天聊到有些佛教徒很堅持佛教信仰，排斥民俗的東西。她一下子就回應我很多故事，她說的第一個故事是她父親過世的事。

她的父親生前踩三輪車為業，那個年代一般人載送棺木都是用三輪車。有一天他在路上看到三輪車載著兩具空棺，他看到以後心裡發毛，回家有跟家人說，但是太太也不知道怎麼處理，因此也沒多說什麼。結果就生病了，症狀像感冒，卻治不好，有去馬偕醫院，也查不出哪裡有問題，差不多過了一週就往生了，得年五十八歲。生病時，也有人說犯到棺煞，要趕快拿「司公籠」來壓，但還來不及準備，醫院的檢查報告也還沒出來，就一命嗚呼。

他們請人來做功德，還有牽亡，亡魂說祂好像被老鷹叼走命一樣。老闆娘強調，犯到煞是很嚴重的事情。不過她也只能說是父親壽命該終，因為父親過世之前十天，她哥哥就有夢見怎麼他父親死了，然後大家都在哭。老闆娘那時十八歲，有一天夢見自己的門牙掉了，嘴巴一直流血，流到身上；醒來和她姊

姊說，居然姊姊也做了一模一樣的夢。她說門牙代表父母，也難怪父親就這樣突然走了。她說父親在看到空棺前，身體並無異樣。過世前，意識也很清楚。

File 02

伯母出山，丈夫犯凶煞

報導人：陳老闆娘
採訪時間：二〇一二年五月中旬
採訪地點：中研院附近餐廳
採訪記錄：林美容

老闆娘曾提到，她伯母過世時，出山的日子是請人看的，但那地理師不知為何竟然選了一個凶煞日，就是大好大壞的那種日子，沖煞的話不會沖到地理師自己，卻會沖煞別人。結果老闆娘的先生雖然很鐵齒，但還是跟死者的女婿都被沖煞到。後來是以聽人說的「解喪煞」，才恢復正常。

老闆娘說：遇到這種「解喪煞」的做法是，先點二支香向死者稟明事由，接著取三支香腳，剪靈桌前的麻布，剪一點點，一起燒化。再來，連同淨符、抹草、鹽、米，加陰陽水，在過午去洗。洗完的水要倒進溪裡，離開時不可以回頭看，如此一來即可解喪煞。

File 03

瞻仰遺容後，犯煞而亡

報導人：陳老闆娘
採訪時間：二〇一二年八月上旬
採訪地點：中研院附近餐廳
採訪記錄：李家愷

十幾年前老闆娘朋友的老公，去參加男性友人的喪禮。結果在瞻仰遺容時跟著去看，看到死者時當場嚇到，回去差不多一個星期就過世了。老闆娘說這就是被死者的遺容煞到。還說，人過世後會放在冷凍庫先冰起來，要給人瞻仰遺容前會先退冰，會煞到人可能是因為退冰後整個人浮腫變形，看起來很恐怖的緣故。

File 04

前往喪家，沖煞過世

報導人：陳老闆娘
採訪時間：二〇一二年八月上旬
採訪地點：中研院附近餐廳
採訪記錄：李家愷

還有一件類似被死者煞到的事，老闆娘說確切的發生時間她記不清楚了，大概是發生在十幾年前，也是一個朋友，到理髮店剪頭髮，那家理髮店正在辦喪事，他就因為這樣被煞到，回去沒多久就過世了。

File 05

婆婆不告而來，沖犯到隔壁家喪煞

報導人：陳老闆娘
採訪時間：二〇一六年三月上旬
採訪地點：中研院附近餐廳
採訪記錄：林美容

老闆娘說，她婆婆還在世的時候，通常是「輪伙頭」，就是輪流在兩個兒子家生活，要過來時會先打電話。有次大概婆婆八十歲左右，老闆娘的小叔沒打電話，就突然載著婆婆來了，而且車子就停在隔壁家門口。那時隔壁的老太太因肺癌往生，剛從醫院送回來進門沒多久，許多子孫孝眷都跟著來了，因此家裡很多人。婆婆一進來不明就裡問道，隔壁是在辦什麼喜事，這麼熱鬧？因此沖犯到。結果第三天她婆婆午睡醒來，外出散步，無緣無故發生車禍，肋骨被撞斷三根，婆婆從醫院回來的第三天晚上，可能失眠，心生恐懼，打電話叫小兒子來接，連夜從後門離開。

File 06

看到水流屍，會著在眼睛

報導人：陳老闆娘
採訪時間：二〇一七年十一月下旬
採訪地點：中研院附近餐廳
採訪記錄：林美容

老闆娘表示，以前媽媽都會說，不要去看水流屍，不然會著（牢，tiâu）在眼睛。她小時候好奇，偏不聽大人的話，由於家就在內湖，靠基隆河邊，她看過兩次水流屍，親人來相認時，屍體的七竅會流血；她看過兩次就不敢再看，因為晚上時，屍體可怕的樣子，會一下子飄到眼前，嚇得她都不敢睡覺。

File 07

被早夭的先人煞到

報導人：高女士
採訪時間：二〇二〇年十月下旬
採訪地點：南港研究院路
採訪記錄：林美容

高女士因想探詢是否有親人牌位在寶藏巖，便獨自跟著廟裡老員工前往納骨塔採訪；這一行後，她告知：寶藏巖很亂，身體一直不太舒服。

直到數月後某天，她才說起那之後發生的一些事，表示應該是被煞到。剛開始是一隻手臂涼涼的，也有嘔吐症狀；在求治過程中，有人告知請她回家確認是否有倒房情況，她也不知道什麼叫倒房，問了她父親才知道，原來她有兩位伯伯，分別於十五歲、八歲在九份的礦場工作時因坍方罹難，神主牌位皆安置在寶藏巖。先前我介紹會通靈的蕭道長幫她看，說她家的公媽不在，就是因為她家只拜她阿媽，阿公這邊高姓的祖先都安置在寶藏巖。

此外，先前有一次我半夜聽到奇怪的叫聲，以為是她在作噩夢，第二天詢問高女士時，她含糊其詞；這次她才承認，她那次時應該是卡到亡逝的先人。現在她身體狀況雖然有比較改善，但是問題還沒徹底解決；入秋某天晚上我從草屯回來，一進門看到她裹著外套渾身發冷的樣子。她還說在田野跌到水溝，尾椎都受傷了，可能卡陰的情況還存在。

【新聞事件】

彰化鹿港二十五日晚，有數百人送煞大陣仗

事件時間：二〇二五年五月／事件地點：彰化／資料參考：《聯合新聞網》

「送肉粽」儀式是彰化鹿港、福興沿海地區，延續數百年來的習俗，為避免民眾對發生過上吊不幸事件的地點，存有恐懼與不安，透過「送肉粽」科儀安民心，將上吊的繩子等物，送往海邊化掉。

鹿港武聖宮人員指出，本週日這場「送肉粽科儀」是採鹿港傳統儀式，將動用到數百人，沿途也會有鄰近宮廟協助人員，加上加入的民眾，場面將十分盛大，參與人員沿路會放鞭炮、掃帚去煞，並有神尊隨行，路途達數公里，再到海邊化掉吊物。

武聖宮人員提醒，舉辦科儀及送煞，沿途民眾不要好奇，最好迴避側身一邊，如果參與就要一路跟到海邊，參與者切記不得配戴與「吊」有關的項鍊及皮帶，也不得叫出名字。

連同本月二十五日晚間這場「送肉粽」，加上之前彰化市、花壇鄉及福興鄉，本月已至少舉辦四場。

Q 什麼樣的亡魂需要「送肉粽」？

A

送吊煞（俗稱「送肉粽」），是彰化沿海鄉鎮所保留的民俗祭儀。其中，鹿港老城在古代曾有刑場，陰魂茫茫渺渺，自然流傳許多鬼仔古，也保留許多傳統的祭典。台灣民俗認為上吊輕生的亡魂背有沉重怨氣，無法重新輪迴，只能徘徊在人世路上受折磨。因此，地方寺廟透過法會將帶有煞氣的繩索送至陰陽交會的界線——海邊——燒掉，驅邪除煞，指引亡魂出海，祈求死者安息以及維護境內平安。

為了尊重亡魂，民眾不稱「送吊死鬼」、「趕縊死鬼」，而以「細繩綁肉粽」的意象，稱作「送肉粽」。

主辦廟方先在死者家中、出事地點引魂，於晚間九時至十一時出發，路線為死亡地點至海邊，儀式相當低調，通常會提早公告。行經路口會設置「祭送，請迴避」或「前有法事，禁止通行」的路障，並派人指揮，請神明護守；而沿途家戶會貼上符咒避煞，關閉門窗。

就民俗觀點，建議生人應迴避「送肉粽」，以免沖煞。若在不知情狀況下遇到，也不必恐慌，只需像遇到出殯，轉過身暫停在路旁，待隊伍過去即可；若無意間正面相遇，最好能跟著走完全程，以示尊敬。並於事後前往寺廟索討淨符，繞香爐三圈，淨身。

Q　祭祀的意義何在？

A　《禮記．祭義》篇，便已說明祭祀之禮深具社會功能與文化價值；祭祀，台語稱作「拜拜（pài-pài）」，指透過禮制和儀式，供奉天神、地祇、祖先，乃至於鬼魂。

在民俗中，與生死相關的祭祀禮俗頗為複雜，又因不同宗教信仰體系和人、事、時、地等因素而有所差異。

我曾在《媽祖信仰與台灣社會》指出：「漢人社會中最基本的祭祀單位是家庭（family）而非家戶（household）。」而祭祀往往也是凝聚家庭力量的重要活動，每遇節日，分散各地的家庭成員就會齊聚一堂。

祭祀的意義，綜合儒、釋、道三家思想，除了趨吉避凶，更有「慎終追遠是孝，普度沉淪是仁」的精神，崇德報恩、飲水思源之義，這樣的推己及人貴在心誠，諸如焚香燒金的舊俗，也隨著近年環境永續倡議而簡化。

Q 台語中的「煞到」是指「鬼纏身」嗎？

A 台語有「煞著」一說，指沖犯邪氣，很多人與被鬼仔「卡到」、「抓到」、「問到」（以上皆為「鬼附身」）混為一談，其實是不同的事。

在民俗學中，五行相生相剋，五方五土皆有煞氣，當人的「三魂七魄」受到這些外力影響，其神志就會受到干擾而失衡，甚至造成健康影響。

煞的種類很多，其中以「喪煞」最讓人惴惴不安。人死為凶，因此，屍體、棺材、喪宅等皆有邪氣，稱作「喪煞」；死者往生若干日後，亡靈重返家門，稱作「回煞」或「歸煞」。所以，行經喪家、墓園等地，若是言行舉止不敬，或有陽氣弱、運勢低、靈異體質的狀況時，便容易沖犯煞氣。

Q 為什麼會「著驚」？

A 台語的「著驚（tio̍h-kiann）」是指受到驚嚇，而民間信仰中的「著驚」卻是鬼怪作祟所造成。鬼怪會奪取生人魂魄，或是入侵人的身體，排擠、奪去原有魂魄的主導權，使人行為異常或是生病，甚至是死亡。

Q「著驚」後一定要「收驚」嗎？

A 台灣民俗中的「著驚」是指魂魄受到驚嚇而失去平衡，甚至離開身體。既然不是普通的「嚇一跳」而已，當然無法單靠醫生開藥治療，還需借助「收驚（siu-kiann）」之類的民俗醫療重新安魂定魄，或祈求神明之力令鬼怪放行被拘留的魂魄，方可痊癒。

從「著驚」現象到「收驚」儀式，都與漢人的魂魄觀密不可分。人們接受、相信魂魄的觀念，於是透過象徵性的收魂復魄儀式，達到治療效果。

而我在《魔神仔的人類學想像》也說：「對於台灣漢人民間信仰裡的『著驚』現象以及一連串關於魂魄的信念及儀式，從判斷罹患著驚的方法、著驚會有的症狀、著驚的治療方式，都牽涉到一系列相互關聯的觀念與行為，因此有學者便以『文化症候群』的觀念，稱此為『著驚症候群』。」

Q有什麼植物可以用來「淨身」？

A 避邪植物在民俗信仰中，被認為能驅除陰氣，保護人們免受不祥之氣侵害，其中抹草、艾草、芙蓉葉是台灣最常見的避邪草，常用來去除穢氣、驅邪化煞的植物有：

◆抹草（銳葉小槐花），又稱茉草，在台灣民間信仰中，能驅邪避陰，常被稱為「避邪草」。人們亦會將抹草的枝幹雕刻成小葫蘆並隨身攜帶，在離開陰煞之處時丟棄，以達到避邪除穢的效果；或將抹草的枝葉放在水中沐浴，洗去身上「不乾淨的東西」，以祈求平安。

◆魚針草（客家抹草），又稱金劍草、防風草，尤其在北部地區的客家人更常使用魚針草作為抹草。魚針草和小槐花雖然都稱為抹草，但外觀上有著明顯的差異，小槐花的葉子細長，邊緣平滑；而魚針草的葉片則類似心形，且邊緣呈現鋸齒狀。人們會摘下葉片帶在身上，並在返家前丟棄，有些人則會用魚針草水淨身以除穢。

◆艾草，在端午節時常看到人們將艾草掛在家門口驅邪，或是有需要進出陰氣較重的地方時，在身上攜帶艾草葉避邪。此外當小朋友因受驚哭泣不止時，長輩們也會用艾草水擦拭身體，以求平安。

◆蘄艾（芙蓉葉），在前往陰氣較重的地方時，人們會摘取一朵蘄艾放在身上，在離開後丟棄。也可以放入洗澡水中，潔淨身心、去除陰邪煞氣。

◆煞草（即藤相思，亦稱為射草）。遇喪葬、撿骨或造墳時，返家後採摘煞草枝葉沖水洗臉或沐浴。客家人認為煞草的除煞效力最強，也會在日常裡隨身攜帶保平安。

◆榕樹葉，台語稱「榕仔葉（tshîng-á-hio̍h）」。前往靈堂拈香、參加喪禮，或到醫院探病時，將單數片的榕葉帶在身上，回程時把葉片還諸草叢，也可以丟入水溝，讓它順水流走。

◆生米和鹽。喪禮前，在紅包袋內裝入一小撮生米和鹽，放在身上，具有除煞作用；待喪禮結束，在返家途中，將整個紅包袋丟棄即可。

Chapter 20 鬼來討

民間相信，「討報」指的是鬼魂或陰靈對陽世的索償行爲，特別是那些死得不甘、不明、不平的冤魂，在未得正義或安息之前，會在人間透過各種方式來「討回公道」或「追究因果」。

她每晚念經迴向，卻發現身後排隊的人越來越多，有的穿壽衣，有的長得和她一模一樣。

File 01

半夜來敲門的魔神仔

報導人：簡小姐
採訪時間：二〇〇八年十二月上旬
採訪地點：南投縣草屯鎮
採訪記錄：林美容

簡小姐有一個叔公住在比較偏僻的地方，有一陣子半夜睡覺時會聽到有人敲門的聲音，雖然害怕，還是勉強應聲承諾，等到中元普度時一定會燒一些紙錢給祂，鬼魂聽了才離開，不再敲門。他們也果真在中元普度時，多燒許多紙錢給來敲門的鬼魂。

File 02

前世父母來討超度

報導人：李小姐
採訪時間：二〇一一年五月中旬
採訪地點：花蓮市
採訪者：林美容
記錄者：翁純敏

我有兩個兒子，老大是一九九三年生，老二是一九九八年生的，老大從出生開始，一到傍晚就開始哭鬧，一直哭哭睡睡，鬧到天亮。常常吃飽，放在嬰兒床上讓他睡，大概睡個五分鐘，就會突然哇一聲大哭，好像有人拿針刺他，帶去看醫生，卻也說沒有生病。有時哭得很離譜，我就想會不會是腸絞痛之類？人家說如果是小孩子有腸胃疾病，額頭摸起來會是冰涼的，可是摸他額頭卻又是熱的。

有一天我一個朋友的媽媽打電話來問候小孩好不好帶？我跟她說小孩子很會哭鬧。她是慈惠堂誦經團的團員，就介紹我去找花蓮惠安堂一位有名的「先生媽」（謝女士，已過世）。那天我抱孩子去惠安堂的時候，已經坐滿人要收驚，「先生媽」看我孩子哭得那麼慘，就跟所有人說，不能讓孩子這樣哭下去，要先處理。

接著，就要我抱著孩子到裡頭的小房間，她要我正對著鋁門窗坐好，問孩子的生辰八字、症狀，之後她說：「這孩子的前世父母，要孩子的今世父母幫忙超度，所以來擾亂小孩。」她就通靈問：「要怎樣做才願放過這孩子？」接著她說：「他的前世父母要金、銀、財寶、針線、經衣、很多紙錢……」問清楚後，我就回家準備，惠安堂先生媽還交代我，如果弄好了，孩子狀況沒有改善，一定還要再回來！

隔天下午二點多，我和婆婆兩人在自家門口開始拜拜，準備一大堆紙錢，燒了一個多小時。到了傍晚，情況還是沒改善，又帶回給先生媽看，先生媽要我坐在同樣位子上，又通靈問：「為什麼還不放過小孩？如果祢們不遵守約定，要請母娘把祢們打入十八層地獄。」她又對我說，這孩子很貴氣，可以帶孩子去金母娘娘廟（聖地慈惠堂）擲筊，問母娘要不要收他做契子？

這次問完回來之後，孩子就不再哭鬧，可以安穩睡到天亮。

於是，我就和婆婆帶著孩子去金母娘娘廟擲筊問母娘，願不願意收孩子為契子，結果是應允的聖杯，婆婆和我特別準備素桌答謝。從此，孩子的成長過程非常平安順利。

File 03

敏感體質的小兒子遇過非親非故的女鬼來討超度

報導人：李小姐
採訪時間：二〇一一年五月中旬
採訪地點：花蓮市
採訪者：林美容
記錄者：翁純敏

是同一位李小姐的故事。

至於我老二，事情就更多了。

老二在三歲時（二〇〇二）有個厄，常常發生意外，不是這裡撞到就是那裡割傷，狀況頻傳，連去廟裡拜拜都會跌倒骨折。

記得那年暑假的某個星期天，公公帶他去廟裡拜拜，他從樓梯跳下來，手就骨折了，看了醫生後，用三角巾包紮固定。可是小孩子一方面天熱，二方面活動不方便，他一直不想戴，被我罵了一頓，他爸爸為了安撫他，就帶去附近的公園玩。

他看見公園裡有個小姐坐在樹上，就問爸爸說：「怎麼有人在樹上？那是誰？」但爸爸什麼都沒看到，就帶他回家並告訴我這件事。

我問他看到的人長什麼樣子？小兒子說，是一個穿格子衣服的女生。

隔天，我就帶他去金母娘娘廟拜拜，擲筊問小兒子是否看見不乾淨的東西？連續三個聖杯確定後，就去請教拜地藏王的張老師該怎麼處理？張老師建議要為那個女生超度，就會平息。

於是，我們請了法師在帝君廟（今進豐街聖天宮）祭拜超度。

我們一直都知道二兒子的敏感體質。像我婆婆過世後，停靈在家裡，二兒子就聞得到婆婆的味道，他說那氣味臭臭香香的，就像是從玻璃瓶裡挖出蘿蔔乾的味道。（婆婆生前很會做蘿蔔乾。）

婆婆過世的百日內，二兒子也常說：「阿婆又回來了。」最明顯的是有一次，我剛開店，那味道就進來了，在我的櫃檯旁停留差不多一小時，我還特別留意了時間。

我們問了人家為什麼會有這種情形？有人說應該是婆婆還沒有跟菩薩去，叫我要燒香提醒婆婆趕緊隨菩薩去，不要再眷戀了。百日之後也就沒再發生這個情形了。

File 04

鹿港的魔神仔現身申冤

報導人：蔡先生
採訪時間：二〇一一年六月中旬
採訪地點：花蓮奉天宮
陪同採訪：林美容
採訪記錄：李茂志

我十七歲時就進入鹿港的鞋業工作，在公司附近租房子。那屋主在一樓開雜貨店，二樓全隔成雅房。那房子很長，最後一間是公用衛浴，廁所外看出去有空地，種了香蕉跟龍眼。有時洗完澡去陽台納涼，常會在香蕉樹或龍眼樹下看到不好的東西，感覺好像在瞪人。看上去是一團霧氣，分不出是男是女，而且都是晚上看到的。

我住在中間的房間，有一次朋友來，我們一共五個人，房間裡不通風，衣服都是用壁勾掛在牆壁上的，當時牆上掛有三件衣服，突然掉下來，我感到怪異又掛回去，過沒多久又掉下來。有一位朋友是王爺的乩身，覺得很奇怪，但又很鐵齒，就親自將衣服掛回去，說：「好膽你再掉一次試試看！」

大家就盯著看那衣服會不會掉下來，我一邊拿菸給大家抽，當我們低頭要點菸時，碰的一聲！衣服又掉下來，而且牛仔褲直挺挺站在地上。大家都嚇到了，那乩身朋友也嚇到，結果瘋了三個月。我們送他回王爺廟時，神明要幫他祭改，脫掉衣服時，發現他身上超過二十處的瘀青，應該是魔神仔打的。

因為這位乩身朋友是王爺的青童，於是請老乩童也就是他師父來幫忙。查案之後，發現是一位姓方的清朝人要來申冤，祂從前被害死，冤氣太重作祟，先前也有來討過，只是都沒人知道。後來王爺就幫祂處理，魂對魂談判，看需要什麼東西請對方的後人來處理，也發給祂一道旨令讓祂去討。後來處理完，那位朋友就好了。正常來說魔神仔是不會隨便現身給人看的，有現身的話，一定是有什麼事情或目的要傳達。

File 05

夢中鬼來報明牌討路祭

報導人：鄧女士
採訪時間：二〇一一年十一月下旬
採訪地點：花蓮市
採訪記錄：李林進旺

有次我做了一個夢：在當時住家對面（上海街、和平路口），有搭個三層牌樓醮壇，最上層有一尊神像，頭髮白白的，梳成髮髻在頭頂，插有一根髮簪，好像是靈寶天尊，第二層就是金母娘娘，最下面是觀世音菩薩的神像。醮壇旁邊都是鮮花，前面有大長桌，上面有香爐。

這時，有人在我耳旁說話：「查某囡仔，你趕快去做個路祭，可以赦你的業障。」我回說：「我又沒錢，怎麼做啦？」結果沒聲音回應。又夢到有個男生，因為太高了，最高只能看見脖子，他穿著青黃色細格紋西裝、腳上穿皮鞋，突然走過來我床邊問說：「你要錢喔？」我就說：「要叫我做路祭，我又沒錢。」他說：「你若有心要做，一定有錢。」我說：「對啦，簽六合彩比較快，我如果有這樣的錢，將完全奉獻在路祭，連剩餘的錢，我也會捐出去。」他問我：「真的嗎？」我說：「真的啦，你們要我做事，我又沒有錢，你們要助我。」

他說：「注意聽，有一宮（函）書……」我說：「等一下，我拿筆來寫。」等我準備好紙筆後，他又繼續說：「有一宮（函）書，裡面有四本，後面有一些符仔路，要詳細體悟。」我就寫一、四、五、五，他接著說：「站起來，腳張開。」我跟著做，他問我說：「你現在手在哪裡？」我回答：「在我肚子上。」又問：「肚子是圓的還是扁的？」我回答：「圓的啦。」他說：「這樣好。」我就繼續寫，腳張開我就寫八，肚子圓的我又寫〇，我醒來時，正是凌晨兩點四十分。

隔天早上，跟別人說這件事，並告訴他們，這是為了要做路祭所講出來的牌支，你們如果用這個牌去簽中，都要回饋一些來辦路祭，若沒拿來辦路祭，後果自行負責。

有個師姐來問我到底有沒有去簽，我就跟她說，簽下去，如果有中，我就拿來辦（路祭），如果沒中，我付不出路祭的錢。她說：「我拿五千塊來幫忙你做路祭，你想要拿去簽也沒關係，如果沒中，錢可是要還給我。」這是週六發生的事情，那時候六合彩一週開兩次，週二跟週四開獎，過了週二開獎日，我怕萬一沒中，我一個女人家要養小孩會還不起，而不敢簽，結果週三晚上又夢見那個人。

我向他說，「如果中就好，如果沒中，我沒辦法還人家錢，而且路祭不是隨便簽就可以做，這花下去要十幾萬，光誦經、買祭品等等，一天就花十萬以上耶，如果沒中特尾，也沒辦法辦。」他回應我說，「我就是告訴你特尾的牌啊。」並笑我膽小不敢簽，我又告訴他：「那麼多支，你乾脆告訴我數字的，孤支的牌比較妥當。」他說：「你不要到時候事情都沒做，仔細聽，吊車尾，〇二。」吊車尾就是最後一支號碼〇二，結果醒來後，因為孤支的牌簽賭費很高，我還是沒有簽，這件事就一直沒有做，業障還是背著。

File 06

台六線車禍亡魂

報導人：彭女士
採訪時間：二〇一二年七月初
採訪地點：新竹城隍廟
採訪記錄：李林進旺

我們大湖那邊比較靠山，以前比較多這一些「有的沒有的」。晚上路邊都沒路燈，有時會看到青火，若遇到青火，把眼睛閉起來，不要理會，直直走過去就沒事了。

還有大湖要往苗栗那條路（台六線），曾經車禍死過人，晚上那鬼會跑出來，跟著載竹子的大貨車，晚上巡邏的警察，就會看到那鬼坐在載竹子的大貨車上。原來那鬼生前是做那卡西，到處走唱，就是被載竹子大貨車的竹子插死，後來就專門跟著載竹子的大貨車。還曾有一對夫妻在這路上車禍死掉，每晚大概十點多，就有人看到這對夫妻在要進入我們大湖的水尾那邊，坐在橋頭上。

現在路都翻修得比較大條，一天到晚也有車子來來去去，而且整條路上都有路燈，路燈照得亮亮的，大家出門也會有帶符仔避邪，鬼故事比較少了。

File 07

大戶人家遭男魂索命，辦了水轙才平息

報導人：黃姓婦人
採訪時間：二〇一二年八月上旬
採訪地點：中研院附近國術館
採訪記錄：林美容、李家愷

晚上手痛到國術館去放筋絡及療傷，醫治時有一位婦人進來，她因為膝蓋痛來求醫。我聽她說話口音有海口腔，就問她是不是以前住海口，她說是。這位婦人說她姓黃，夫家姓陳，自己是雲林東勢厝（東勢鄉）的人，離海口約五公里，靠近台西。我問她小時候有沒有聽過魔神仔的事情，她馬上說有，然後就說了以下的故事。

她說小時候約八、九歲時，曾經聽過一件事。東勢厝那邊有個大家族，一連死了好幾個人，都是男丁。原來是一個男性亡魂來討命，據說那亡魂是給這個大家族的某位祖先害死，受冤屈的亡魂找這家男丁復仇，會半路攔人，然後那人就會無緣無故死了。一連發生數次，這個家族也很緊張，請人來牽水轙，之後情況就比較和緩。她本人雖然沒有參加那次的牽水轙，但是因為牽水轙是雲林特有的超度祭儀，辦得很轟動，所以大家都知道。

File 08

到外地遊玩，回家睡覺時連續兩晚看到鬼

報導人：游同學（慈大宗教所研究生）
採訪時間：二〇一二年十月中旬
採訪地點：花蓮市
採訪記錄：林美容

今天中午與游同學等人相約討論論文，到拉麵店邊吃飯邊聊天、邊談。游同學說前不久他碰到國中的女同學，問候她最近如何，她說過得不好。原來幾個月前她到外地去玩，回到家後，晚上睡覺時，突然醒來看到自己肚子上有一顆女人頭，她嚇壞了。沒想到第二晚，睡夢中又覺得聞到燒焦的味道，醒來轉頭一看，身邊躺了一個男的，身體已經燒焦，而且睜著眼睛看她，她說她看得很清楚，絕對不是夢境。實在太驚嚇，她不敢一個人睡，就跑去跟父母睡了。之後到哪裡都聞得到那燒焦的煙味，心裡實在很害怕，但到處問也找不到解決之道。後來才找到一位師姐，是濟公的乩身，說那是因為她心地善良，到外地遊玩時，不小心把不好的歹物仔帶回來，祂們應該是有所求，做些法事幫祂們超度，情況才慢慢好轉。

File 09

殺人害命，亡魂顯像，終自殺償命

報導人：陳老闆娘
採訪時間：二〇一六年二月中旬
採訪地點：中研院附近餐廳
採訪記錄：林美容

今天比較晚去素食餐廳吃午飯，客人不多，我拿出平板電腦，給老闆娘看日本東京電視台製作的魔神仔節目，談到金山到陽明山之間古時候有一條古道「魚路」。老闆娘就想起小時候父親常常提起八芝蘭（士林舊名，源自平埔族語「Pattsiran」，「溫泉」之意）的事，父親以前會去士林買番刀，因為士林的番刀很鋒利、很有名。以前內湖到士林也有一條山路可走，我猜也是魚路的一部分。其中有一個鬼故事，是父親說的，勸人不可做壞事，否則會有報應。

有一個人，因為三百塊銀元，和朋友吵了起來，一氣之下竟謀財害命，把朋友殺死。他繼續上路，中途經過一家麵店，跟老闆點了麵，沒想到老闆送來兩碗，他覺得奇怪，明明我只有一人，為什麼送來兩碗，一問老闆，老闆說你們不是兩個人嗎，所以送了兩碗。他這才知道原來亡魂一直跟著，心生愧疚，就自殺身亡。受訪人說，那是亡魂現身讓麵店的老闆看到，他還說冤鬼會想辦法討命的，這就是那人自殺的原因。

File 10

陰鬼討報，只爲對方說句對不起

報導人：塗小姐（慈濟大學宗教所）
採訪時間：二〇一七年十月下旬
採訪地點：慈濟大學
採訪記錄：林美容

塗小姐一九八六年進入慈濟功德會工作，大概一九八八年左右，曾聽聞慈濟功德會台北黃委員的一位會員，有一個開美容院的女兒，某天在經營的美容院失火後，不知何故，突然好像發瘋一樣，沒人控制得了！這會員打電話跟黃師姐求助，師姐趕過去見到人，也沒辦法處理，女兒突然用力捉住師姐的手！師姐順勢把手上的佛珠脫下來給她，她拿到之後，果真安靜下來，而且指著佛珠上的證嚴上人照片，開口說他要見上人，卻是男聲。

他自述原委，原來，他跟這位會員的兒子，也就是她女兒的哥哥，二人在同一部隊，有一次不知何故，發生爭吵，她哥哥一不小心，把他推到床角，傷及頭部，結果他就死了，這事後來不了了之。但他的亡魂一直想辦法要纏住那個凶手，也就是這位開美容院小姐的哥哥，目的只是希望他說聲對不起，卻一直不得趁虛而入。直至美容院失火，才趁她驚慌之際，靈魂從她膝蓋竄了進來。他說他要見上人，師姐就急忙安排，說一定要坐早班飛機，不然來不及（怕鬼魂不能見天光），就這樣來到花蓮精舍。

上人出現，看到這位女生，便說，你怎麼臉色這麼難看，青恂恂？師姐說明原由，上人才對著附體的鬼魂說，一定會讓那位哥哥跟他道歉，請放心。上人安撫開示把事情處理完之後，這位女生的臉色，也才慢慢有了血色。

File 11

廠內前輩來「巡田」

報導人：李先生（任職紙業）
採訪時間：二〇一七年九月
採訪地點：中央山脈小河童（Line 群組）
採訪記錄：報導人整理

最近廠內又看到老前輩來巡田，每年七月，工廠員工上大夜班，有時會看到人影在背後看他工作，回頭看又沒有人。廠內有自己的土地公廟，奉祀土地公、文財神、關公、濟公觀音、地藏。

左側牆上有一塊「功在〇成」的牌子，上面有殉職員工姓名。每年農曆七月十五、九月初九會準備飯菜祭祀，我去年和今年都有看到，問同仁，他說是正常的。

【新聞事件】苗栗殺妻分屍案，獨臂冤魂索手多年

事件時間：一九九五年九月／事件地點：苗栗／資料參考：《蘋果日報》、《三立新聞》

男子與妻子因離婚談判破裂，竟殺妻後支解分袋棄屍於山區。後來男子槍決伏法，而死者有一隻手臂始終沒找到，家屬於是訂製木頭手臂放入棺中。多年後，民眾深夜開車經過附近，會見到一名獨臂女子攔車「有沒有看到我的手？可不可以幫我找？」甚至周邊的南苗派出所、銅鑼分駐所，多次凌晨接獲報案，有女子要幫忙找手。當地人都深知，行經大坪頂扶輪亭附近，遇到有人攔車，千萬不要停。

二〇〇七年七月，有名超商店員與朋友下班後騎機車夜遊，隔天凌晨三點回程途經苗栗市郊大坪頂下坡路段，突然停車，目光呆滯地獨自走進路旁廢棄空屋，朋友連忙拉住，他卻自言自語：

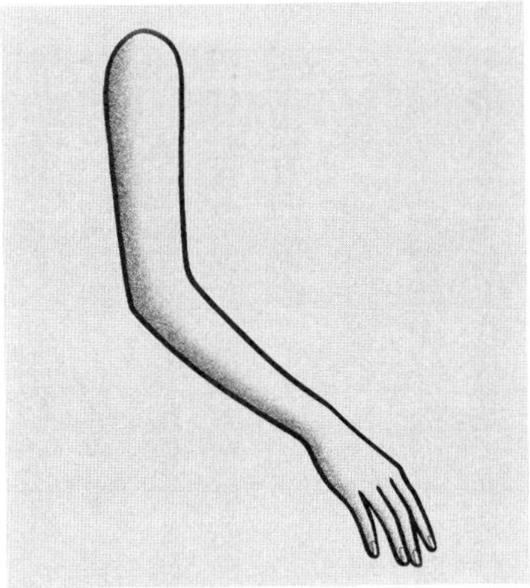

「有人手臂不見了，要我幫忙找。」朋友驚覺有異，趕緊載他回店內休息，豈料六點左右，他又不聲不響地出門。同事們擔心他出事，到處遍尋不著，直到接近中午時他才回來，說自己去了「扶輪亭」；後來有女同事詢問在警界服務的父親，得知這裡是當年殺妻案棄屍的地點之一。經歷了此事件，超商店員卻完全沒有印象。

二〇一二年有網友偕女友開車賞夜景，經過大坪頂涼亭稍作休息，結果周遭突然起霧，出現吹狗螺的聲音，兩個人趕緊離開。然而，當時在涼亭拍照的女友回家後，先是看見七樓窗外有女人盯著她，接著夢見獨臂女人在涼亭不斷逼問：「你有看到我的手嗎？」

這座傳出靈異事件的「扶輪亭」已在二〇一六年拆除。苗栗縣政府表示，在不到一公里的路段出現四、五個急轉彎道，容易肇事，曾有年輕男女騎機車摔下邊坡，拆除前一個月，也發生休旅車與小貨車對撞，造成一人死亡。

Q　懷著恨意自縊會變成厲鬼報仇？

A

民間相信，若不得善終或非正常死亡，包括：自殺、他殺或意外身故，因為陰魂在陽間仍有未被滿足的願望，往往會化作厲鬼討報。

媒體經常傳出刻意穿紅衣、塗紅妝，懷著怨恨自殺的新聞，就像是用紅色來代表血海深仇。清代的紀曉嵐在《閱微草堂筆記》就提到了「民間巫師傳言穿著紅衣服吊死的人，因為紅色是陽色，變成鬼之後會被家神當作生魂可以自由出入。」於是有很多婦女相信，但紀曉嵐也強調，「此語不知何本。」

同時，這也可能與「桃花女鬥周公」的民間傳說有關，遭陷害的桃花女臨終穿著大紅鳳冠霞帔，向閻王申冤，獲准回陽間向周公索命；另一說，鬼怕見紅，因此人們用紅色來避邪，但全身都穿上紅衣紅褲自縊，陰魂變成厲鬼，便不怕紅色，就得以復仇。

自古以來，自縊者被視為帶有很重的「吊煞」，至今彰化沿海鄉鎮仍流傳「送吊煞」（送肉粽）來化解的習俗。

Q 鬼月潛規則：不能亂踩冥紙？

A 普度時，民眾禮敬供品之外，也焚燒紙錢。民間信仰相信，當人們點香祭拜，直到線香燃燒過半後，才開始燒化紙錢，而好兄弟早已經摩拳擦掌，準備搶拾了。假使此時有人在旁亂踩亂跳，難保不會阻礙到祂們的行動，同時也有不尊重的意思。

Q 祭拜祖先或鬼魂的紙錢有哪些？

A 紙錢種類眾多，又有南北各地的差異，常見如下：

◆刈金：刈金大都只是貼著黃錫箔，沒有圖案花紋，一般大張會用在祭祀神明，普通則是給土地公、地基主、祖先時都會使用。法師在燒符咒或是演法時，需焚燒紙錢也大多以刈金助燃。可以用來敬獻給土地公、山神、地基主、有應公等基層神靈，也可以作為神明部屬、神兵、神將的盤纏，或是燒給祖先、一般鬼神、祭煞也通用。

◆四方金、福金：福金也稱土地公金，上印「福金」，分為大箔福金與小箔福金兩種。四方金則是印著四方平安的金紙，與刈金用途相似。

◆大銀：用於祭祀祖先、喪葬、陰鬼。入殮時也用白布包裹一大疊，枕在往生者的頭下。

◆小銀：用於普度好兄弟，或是危險的路段和橋墩，祈求行車平安。

◆蓮花金、銀：紙面上是金色、銀色的箔，印有蓮花圖案和印蓮花金、蓮花銀字樣，主要都是用在祭拜祖先或亡者。在民間蓮花金、銀是出嫁女兒為娘家祖先所準備，所以蓮花金又稱女兒金，為出嫁女性為娘家祭祖、撿骨、超度法事等使用。

◆五色紙：用於壓墓紙。相傳此為泉州人的習俗。

◆黃蝦紙：用於壓墓紙。相傳此為漳州人與客家人的習俗。

◆替身：用於祭鬼，或是暗訪、遷船祭改時。紙上印有通寶圖案和人形，人形有男女之別。

◆經衣（更衣、巾衣）：用於拜門口或祭祀好兄弟。紙面上印有衣褲、梳子、鞋襪、刀剪、碗等生活用品，大都是燒給好兄弟的，祭拜大眾爺等也會使用，民間也表示更衣不可燒太多否則供品不夠，可能引起好兄弟不開心。另有一說為更衣不可折，否則好兄弟收到的衣物會有皺褶。

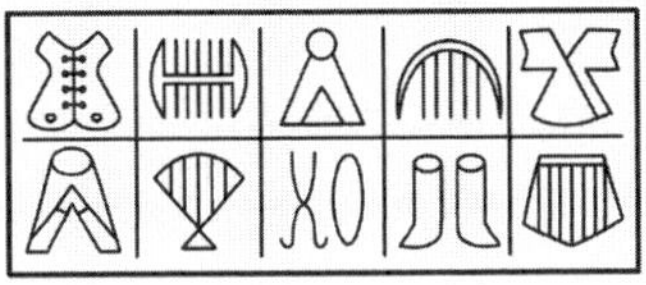

◆棺木用公庫錢：用於納入棺木時，不焚化。意指繳入地府公庫。

◆棺木用私庫錢：用於納入棺木時，不焚化。意指供亡者在冥間使用。

◆功德用公庫錢：用於作功德圍庫錢時，公庫錢是替亡者還清投胎出生時，向庫官商借的庫錢。

◆功德用私庫錢：用於作功德時，經焚化，供給亡者在冥間使用。民間重視私錢，獻給亡者的私庫錢往往比公庫多。

◆往生錢：用於喪事，以及清明祭祖、超薦法會等。中間印有「往生神咒」或「拔一切業障根本德生淨土陀羅尼」，四個角落印有極樂世界，主要用於祭拜祖先、超度死者、拜好兄弟時，可幫助先人往西方淨土或添增冥福。

◆壽生錢：四個角落印有福祿延壽，中間印有壽生經咒，還會印有壽生咒文，周邊會印有桃葉、壽桃、蓮花和蓮葉等，一般是用來與神佛結緣祈求福壽，常常會與天金一起焚燒，也有用在還庫法事。

◆冥國銀行紙幣：用於喪事焚化給亡者時。紙幣有台幣或美鈔等圖樣，因應現代人出國旅遊的風氣，希望亡者在另一個世界也能自在通行。

參考書目

以下按作者姓氏筆劃排列：

·《五苦章句經》
·《六祖壇經》
·《太平廣記．冥報記》
·《地藏菩薩本願經》
·《西藏度亡經》
·《盂蘭盆經》
·《莊子》
·《愛日齋叢鈔卷五》
·方梓《采采卷耳》（台北：聯合文學，二〇〇八年九月二版）。
·片岡巖〔日本〕《台灣風俗誌》（台北：眾文圖書，一九九〇年二版）。
·吳瀛濤《台灣民俗》（台北：眾文圖書，一九八七年二版）。
·李秀娥《圖解台灣傳統生命禮儀》（台中：晨星，二〇一五年四月初版）。
·李鑑堂《俗語考原》（台北：文海，一九七一年初版）。
·阮元〔清〕《經籍纂詁》（台北：宏業書局，一九八三年八月二版）。

· 林美容《祭祀圈與地方社會》（新北：博揚文化，二〇〇八年十一月初版）。
· 林美容《媽祖信仰與台灣社會》（新北：博揚文化，二〇〇六年三月初版）。
· 林美容《媽祖婆靈聖》（台北：前衛出版，二〇二〇年四月初版）。
· 林美容《臺灣的齋堂與巖仔》（台北：台灣書局，二〇一一年九月二版）。
· 林美容、李家愷《魔神仔的人類學想像》（台北：五南，二〇一四年二月初版）。
· 紀昀［清］《閱微草堂筆記》（台北：新興，一九五六年一月初版）。
· 高致華《台灣文化鬼跡》（台北：高致華出版，二〇〇一年七月初版）。
· 許慎［東漢］《說文解字》（台北：黎明文化，一九九二年九版）。
· 連橫《台灣通史》（台北：黎明文化，二〇〇一年四月初版）。
· 費孝通《初訪美國》（台北：文學史料研究會，一九四五年初版）。
· 葛洪［東晉］《抱朴子》（台北：台灣商務，一九六五年初版）。
· 劉家謀［清］《海音詩》，收入《台灣雜詠合刻》（台北：台灣銀行經濟研究室《台灣文獻叢刊》本，一九五八年初版）。
· 鄭玄［東漢］注、孔穎達［唐］疏《十三經注疏．禮記正義》（台北：藝文印書館，一九九三年九月初版）。

國家圖書館出版品預行編目 (CIP) 資料

台灣鬼仔古 2025：從民俗看見台灣人的冥界想像 / 林美容著 . -- 增訂一版 . – 台北市：前衛出版社 , 2025.09
352 面；　15*21 公分
ISBN 978-626-7727-32-4(平裝)

1.CST: 鬼神 2.CST: 通俗作品 3.CST: 臺灣

298.6　　　　114010295

台灣鬼仔古 2025 —從民俗看見台灣人的冥界想像

作　　者　林美容

編　　輯　楊佩穎
初版協力編輯　吳佩霜
校　　對　林美容、楊佩穎、程長榮

封面設計　張巖
內頁排版　周晉夷
圖片來源
頁三〇，維基百科公有領域。
頁一五四，Photo by Outlookxp.
頁二一四，維基百科公有領域。

出 版 者　前衛出版社
10468 台北市中山區農安街 153 號 4 樓之 3
電話：02-25865708｜傳眞：02-25863758
郵撥帳號：05625551
購書 · 業務信箱：a4791@ms15.hinet.net
投稿 · 編輯信箱：avanguardbook@gmail.com
官方網站：http://www.avanguard.com.tw

出版總監　林文欽
法律顧問　陽光百合律師事務所
總 經 銷　紅螞蟻圖書有限公司
11494 台北市內湖區舊宗路二段 121 巷 19 號
電話：02-27953656｜傳眞：02-27954100

出版日期　2025 年 09 月增訂新版一刷
定　　價　新台幣 500 元

ISBN：978-626-7727-32-4
EISBN：978-626-7727-34-8（EBUB）
EISBN：978-626-7727-35-5（PDF）